Ruth Burgess

Irische Segen für heute

Ruth Burgess

Irische Segen für heute

Kreuz

Inhalt

Für Cecily, Maggie und Peggy,
die mir durch ihren guten Rat und ihre Liebe
zum Segen geworden sind.

EINFÜHRUNG

Im Deutschen Wörterbuch von Wahrig[1] wird *segnen* folgendermaßen erklärt:
»jmdm. Segen spenden, den Segen über jmdn. sprechen; Gottes Segen über jmdn. herabwünschen; das Zeichen des Kreuzes über jmdm. machen; weihen«.
Segen bedeutet nach Wahrig: »Gunst, Gnade, Heil, Glück; Bitte um die Gnade Gottes; Einverständnis, Zustimmung«.

Segensgebete und Segenshandlungen haben ihren festen Platz in vielen Kulturen und Religionen. Sie sind oft Teil säkularer und religiöser »Übergangsriten«.
Das Christentum hat eine Fülle von Segenssprüchen vom Judentum geerbt: feierliche Gebete für einen Erben (1. Mose / Genesis 27, 27f), Psalmen zum Lobe Gottes (Psalm 103), Segenssprüche für Feld und Vieh (5. Mose / Deuteronomium 7, 13), Segenssprüche für Festtage (5. Mose / Deuteronomium 16, 15) und den so genannten aaronitischen Segen (4. Mose / Numeri 6, 24ff). Traditionsgemäß werden die, die den Segen für andere erbitten, selbst gesegnet werden (4. Mose / Numeri 6, 27).
In jüdischen Schriften gibt es eine Sammlung von Segenssprüchen, b'rakhot, die sich auf den Alltag, auf Gottesdienste in den Synagogen und auf Festtage beziehen. Darunter sind Segenssprüche für Essen und Trinken, das Erleben der Schöpfung mit allen Sinnen, das Anzünden der Festtagskerzen und die Genesung von einer Krankheit. Jüdische Segensgebete gehen einer Handlung eher voraus, als dass sie ihr folgen.

Die christliche Tradition kennt darüber hinaus das Tischgebet und das Segnen von Lebewesen und Pflanzen. Bestimmte Gegenstände, die zur Hinführung zum Lobpreis oder zum Gebet dienen, können auch gesegnet werden, wie der Gebrauch von Kerzen, Ikonen und Wasser in der Anbetung zeigt. Weiterhin werden Segensgebete bei wichtigen Anlässen im Leben einzelner Menschen gesprochen, zum Beispiel bei Taufen und Hochzeiten sowie bei den Festen im Kirchenjahr – Advent, Ostern, Erntedank etc.
Viele Gebete, die keltischen Ursprungs sind, seien sie alt oder neu, beinhalten Worte des Segens. Es sind Gebete, die die Freundlichkeit der Schöpfung verkünden, und, wie in jüdischen Quellen, betonen, dass Gott in jedem Augenblick unseres Alltags gegenwärtig ist. Viele keltische Segenssprüche spiegeln in ihrer Form die Dreieinigkeit wider und enthalten Hinweise auf Heilige und Engel. Während ältere Gebete Ausdruck eines bäuerlichen Lebens sind, entstammen die Bilder der neueren Gebete sowohl dem städtischen als auch dem ländlichen Bereich.
Ein Segen muss nicht nur aus Worten bestehen. In vielen Kulturen und Traditionen werden Segensworte von Weihrauch und Wasser begleitet als Erinnerung an Erfahrungen der Erneuerung und Hingabe. Innerhalb der christlichen Tradition wird beim Sprechen des Segens häufig das Kreuz geschlagen. Manchmal werden Hände aufgelegt, wenn einzelne Menschen, vor allem Kinder, gesegnet werden. Innerhalb der jüdischen Tradition kann derjenige, der einen formellen Segen spricht, einen Gebetsschal tragen. Keltische Segenssprü-

che, die den Bildbereich des Körpers enthalten (»von meinem Haupt bis zu den Fußsohlen«[2]), kann man leicht visualisieren, indem man die Worte durch Gesten unterstützt. Musik und Stille können auch eingesetzt werden, um Segensgebete zu untermalen oder ihnen Ausdruck zu verleihen. Manchmal kann es beim Hören eines Segensspruchs ein Überraschungsmoment geben (Matthäus 25, 34ff). Nicht selten spielt auch Humor eine Rolle (1. Mose / Genesis 21, 6).
Viele Segenssprüche stehen im Zusammenhang mit Reisen – sowohl mit einem inneren Weg als auch mit einer tatsächlichen Reise – und mit Orten, die schon lange für Meditation und Gebet genutzt werden. Zu einer Pilgerfahrt, bei der man den Alltag zurücklässt, gehört irgendwie die Hoffnung auf Segen und Veränderung.
In verschiedenen christlichen Traditionen wird sowohl der Gebrauch von »du/ihr« und »ich/wir« in Segensgebeten als auch die Frage, wer einen Segen sprechen darf – Geistliche oder Laien – diskutiert. Manche Christen sind der Ansicht, dass ein Segensgebet, das mit dem Wort »möge« beginnt, zu einem Fürbittengebet wird. Andere unterscheiden kaum zwischen Segens-, Lob- und Fürbittengebeten und verwenden sie alternativ.
In dieser Sammlung von Segenssprüchen ist es an vielen Stellen möglich, ein Gebet für eine Einzelperson in ein Gebet für eine Gruppe umzuändern, indem man »du« durch »ihr« ersetzt, und umgekehrt. Manche Segenssprüche können im Wechsel gesprochen werden, von zwei Personen oder zwei Gruppen oder dem Gottesdienstleiter und der Gemeinde. Die Teile des Wechselgebets, die

von allen gesprochen werden, sind kursiv gedrukkt. Das Amen am Ende eines Segensspruchs kann die Person, für die gebetet wird, mitsprechen, um dadurch ihre Zustimmung zum Gebet auszudrükken. Meistens habe ich jedoch das Amen weggelassen und freigestellt, ob es gesprochen werden soll.
Dieses Buch enthält außerdem (ab S. 139ff.) eine Anleitung und Material für das Verfassen von Segenssprüchen und Anregungen für diejenigen, die einen »Segensworkshop« durchführen möchten.

Mein Dank gilt all denen, die zu dieser Sammlung von Segenssprüchen beigetragen haben. Ich danke Hilary de Birch für das Abtippen, Sheila Auld, Joanne Woodfield und Bernadette Askins für das Korrekturlesen, Ian Cowie für seine ermutigenden Worte, Marion McNaughton für den Zugang zu jüdischen Quellen und Sandra Kramer und dem Team von Wild Goose Publications für ihr Können und ihre Unterstützung.
Es hat mir große Freude gemacht, dieses Buch zusammenzustellen und zu veröffentlichen. Ich hoffe, dass es ein nützliches Hilfsmittel für Gebetszeiten und Gottesdienste sein wird und die Leser und Leserinnen ermutigen wird, selbst Segenssprüche zu verfassen.

Kleine Segensgebete

Gottes Bewahrung

Ich befehle dich dem Schutz Christi an,
ich wünsche dir Gottes Bewahrung,
dass er dich regiere, dich behüte,
mit dir sei
auf all deinen Wegen –
in Schwierigkeiten, in Gefahr, in Zeiten der Trauer.
Und ich wünsche dir die Unbeschwertheit
des Heiligen Geistes,
dass er dich tröste und froh mache
und Neues in dir wecke –
jeden Tag, jede Nacht,
jede Nacht, jeden Tag.

Kate McIlhagga

Ein Segensspruch für Zauderer

Möge Gott, der Schöpfer,
dein Leben gestalten.
Möge dir Jesus, der Lehrer,
den Weg zeigen.
Möge dich der Heilige Geist anwehen,
damit du mutig vorangehst –
heute und jeden Tag.

Segensworkshop, Durham

Geh deinen Weg auf gute Weise

Geh deinen Weg auf gute Weise,
in Frieden und in Gerechtigkeit.
Mögest du von Gottes Liebe umschlungen werden
wie von einem Schal.
Mögest du geliebt werden.
Mögest du gesegnet sein.
Ruth Burgess

Der Atem Gottes in dir

Möge der Atem Gottes in dir sein.
Möge dir das Feuer der Liebe,
das von Anfang an da war,
und der Friede dessen, der Neues in dir schafft,
große Freude bringen, tief in dein Herz hinein.
da Noust

Segen der Brote

Segen der Brote, Segen der Fische,
Tausende werden satt: ein Geschenk Gottes.
König dieses Festmahls, Herr dieser Gaben,
segne alles, was wir haben, segne alles,
was wir teilen.
da Noust

Hingabe

Gott, segne mich,
ich gebe mich zitternd in deine Hand.

Mach mich zu deinem Instrument,
deiner Laute,
kunstvoll gebaut, gestimmt,
wartend.
Mein Körper das Holz,
meine Wünsche die Saiten,
nahe bei dir,
im Einklang mit deinem Herzen der Liebe.

Gott, lass deine Lieder durch mich erklingen.

Angela Ashwin

Mein Nachbar

Gott,
segne meinen
Nachbarn,
denn manchmal
kann ich es einfach nicht.

Peter Millar

Die ganze Schöpfung

Segne, liebender Gott,
den Planeten, auf dem wir leben,
und die ganze Schöpfung.

Die Pflanzen, die uns umgeben:
Palmen,
Sonnenblumen,
Mohnblumen und
Venus-Fliegenfallen.

Die Tiere, die bei uns wohnen:
Schlangen,
Würmer,
Tauben,
Elefanten und Erdferkel.

Segne, liebender Gott,
den Planeten, auf dem wir leben,
und die ganze Schöpfung.

Jenni Sophia Fuchs und die Kinder der
»St. Columba's by the Castle Junior Church«, Edinburgh

Der Segen des schenkenden Gottes

Der Segen Gottes,
der die Sterne erschaffen hat,
der Freunde schenkt,
der Weisheit gibt,
forme und erneuere dich
zu seinem Bilde.

Ruth Burgess

Unser Schöpfer, unsere Mutter, unser Freund

Möge Gott, unser Schöpfer,
unsere Mutter, unser Freund,
uns in Zufriedenheit hüllen,
uns in Freundlichkeit erhalten
und unsere Reise segnen, die nach Hause führt.
Frances Copsey

Veränderung

Möge Gott dich segnen:
der Schöpfer, der unaufhörlich
durch Veränderung wirkt,
der Christus, der kam,
um unser Leben zu teilen
und zu verändern,
der Heilige Geist, der durch die Welt weht
und sie verändert.
Möge Gott dich segnen,
hier und jetzt und in alle Ewigkeit.
Jan Sutch Pickard

SEGENSGEBETE FÜR TAG UND NACHT

Der Segen eines neuen Tages

Lobe den Herrn, o meine Seele.
Lobe seinen heiligen Namen:
der uns jeden Morgen
zu einem neuen Tag erwachen lässt,
uns die Frische, die Verheißung
des neuen Tages schenkt,
sodass wir nicht Gefangene der Vergangenheit
sein müssen,
sondern in der Gewissheit der Vergebung
leben können,
die so verlässlich ist,
wie ein Tag dem anderen folgt.

Lobe den Herrn, o meine Seele, und vergiss nicht,
was er dir Gutes getan hat:
das Holz aus Norwegen, woraus mein Bett ist,
die Schurwolle aus Australien, woraus die Decke ist,
ägyptische Baumwolle für die Laken,
die Nachttischlampe aus China –
die vielen Menschen, die dafür arbeiten,
mir Wärme und Sicherheit zu geben
bis zum Morgengrauen des nächsten Tages.

Lobe den Herrn, o meine Seele,
der unser Leben vom Verderben erlöst:
sodass, wenn in der Nacht
Schreckliches über uns hereinbricht,
von Menschenhand oder durch Krankheit,
wir nicht sicherer, nicht besser geschützt
sein könnten als durch Jesus,
der uns vorangegangen ist
und bis zum Ende ausgehalten hat,
der, weil er die Krone des Lebens errungen hat,

an unserer Seite bleibt
und, wenn wir sterben,
einen Ort für uns vorbereitet hat.

O mein Gott, wie können wir dir das Lob geben,
das dir gebührt?
Wenn wir aufwachen, sind wir bei dir,
wenn wir schlafen, sind wir bei dir –
selbst wenn wir auf Flügeln der Morgenröte reisten
oder uns von der Dunkelheit einhüllen ließen,
wären Licht und Dunkelheit doch eins bei dir.
Du siehst uns, du überschüttest uns
mit Liebe und Freundlichkeit,
du gibst uns Leben –
niemand wird uns aus deiner Hand reißen.
Gepriesen sei dein heiliger Name für alle Zeit.

Ian M. Fraser

Sonnen- und Mondsegen

Möge die Wärme der Sonne
dich jeden Tag durchdringen.
Möge das Licht des Mondes
dich jede Nacht liebkosen.
Mögen die Arme Gottes
dich immer halten,
um dich vor Angst zu behüten,
vor Unheil zu schützen,
mit Liebe zu segnen,
in Frieden zu bewahren.

Segensworkshop

An diesem gesegneten Morgen

Gott, ich habe das Gefühl,
dass ich diesen Tag tragen könnte
ich habe das Gefühl,
dass ich diesen Tag heute tragen könnte

wie einen Schal
(aber nicht, weil es kalt ist
denn es ist nicht kalt)

ich habe das Gefühl,
dass ich diesen Tag tragen könnte
und der Wind würde ihn wieder und wieder
um mich schlingen

ich habe das Gefühl,
dass ich diesen Tag tragen könnte
ich habe das Gefühl,
dass ich diesen Tag heute tragen könnte
wie einen Schal
und darin tanzen könnte

gelb mit (ein paar) blauen Fransen

Neil Paynter

Lasst das Feuer herunterbrennen

Lasst nun das Feuer herunterbrennen,
lasst den Amboss schweigen.
Der Friede Gottes soll sich auf diese Nacht senken,
um bei uns zu wohnen,
uns zu trösten und zu stärken,
uns zu segnen, jetzt und für alle Zeit.

Andrew Foster

Segen für ein heißes Bad

Gnädiger Gott, segne meinen erschöpften Körper,
der sich nun nach Ruhe und Entspannung sehnt.
Herr Jesus Christus, segne
meine unruhigen Gedanken, die Frieden suchen
am Ende eines weiteren anstrengenden Tages.
Liebender Geist, segne meine sorgenvolle Seele,
die danach verlangt,
von Schuldgefühlen und Vorwürfen
befreit zu werden.

Möge mich die Wärme des Wassers
umfangen wie Gottes liebende Arme,
möge mich der Duft des Schaums
hinwegtragen über die Sorgen des Alltags,
möge mich die reinigende Berührung der Seife
vorbereiten auf die Verheißung und
Herausforderung des morgigen Tages.

Norman Shanks

Durch die ganze Nacht

O Gott, du bist mein Gott,
nach dir sehne ich mich.
Wie ausgetrocknetes dürres Land
dürstet meine Seele nach dir.
Deine Liebe ist besser als Leben.
Dich schaue ich an,
um Macht und Herrlichkeit zu sehen,
dein Lob auf meinen Lippen.

Herrlichkeit, Segen, auch in der Dunkelheit.
Durch die ganze Nacht von deiner Hand gehalten,
mich sehnend nach dir.

da Noust (nach Psalm 63)

Segen zur Nacht

Möge Gott dir Rätsel aufgeben,
denn die Tiefe des Nachthimmels birgt
Gottes Geheimnis, für das es keine Erklärung gibt.
Mögest du staunend dastehen
und wie die Unendlichkeit der Sterne
überwältigt sein von Gottes Gegenwart.
Mögest du das Dunkel lieben,
denn auch wenn der Mond nur halb zu sehen ist,
ist er doch ganz und gar in Gottes Hand geborgen.
Mögen dir die Worte fehlen,
wenn das Wort gesprochen wird
in die Stille der Nacht,
in die Schönheit von Gottes Schöpfung.

Jan Sutch Pickard

SEGENSGEBETE FÜR JAHRESZEITEN UND FESTE

Zur Jahreswende

Der Segen Gottes, des Schöpfers,
der von Anfang an da war,
der Segen Christi, unseres Retters,
»Gott mit uns« in Geschichte und Menschheit,
der Segen des Heiligen Geistes,
der uns in eine Zukunft voller Hoffnung ruft,
sei mit jedem von uns,
in unseren Gemeinden,
in unserer Welt,
jetzt und immerdar.

Jan Sutch Pickard

Segen zu Mariä Lichtmess

Gott, du Sternenschöpfer,
Erleuchter der Welt,
segne uns und gib uns Wärme,
damit wir leben und lieben können.
Bringe uns in das Licht Jesu
in den Höhen und Tiefen
unserer Nächte und Tage.

Ruth Burgess

Frühlingssegen

Gott, segne die Anzeichen des Frühlings,
jeden neuen grünen Spross,
jeden helleren Tag,
jeden wärmeren Wind.
Gott, segne
das neue Leben.

Kate McIlhagga

Ostersegen

Auferstandener Herr,
schenke uns ein Herz für die einfachen Dinge:
Die Liebe, das Lachen, Brot und Wein, und Träume.
Schenke uns Hoffnung, die grünt und wächst,
und lass uns ein Volk werden,
dessen Lied das Halleluja ist,
dessen Name die Liebe ist,
dessen Zeichen der Frieden ist.

da Noust

Der Himmel tanzt

Herr Gott, wir preisen dich,
dessen Geist die Dinge zum Tanzen bringt:
Insekten in der Sonne,
Kinder beim Spiel,
die Augen, mit denen sich Liebende ansehen,
Wasserfälle und windumspielte Bäume,
Ballett auf der Bühne und auf dem Fußballplatz.
Wir preisen dich dafür,
dass du dich an deiner Welt freust
und an allen lebenden Kreaturen,
die sie bewohnen.
Das lehrt uns, uns auch daran zu freuen
und mitzutanzen, wenn der Himmel tanzt
und die Erde in einer Rhapsodie antworten lässt:
Es entsteht eine Freude,
die ein Vorgeschmack auf das Reich Gottes ist.

Wir preisen dich, der uns begegnet,
uns ermutigt und erneuert
an jedem Punkt unseres Lebens,
in schönen und schweren Zeiten.
Du hast uns beim Namen gerufen
und uns dir zu Eigen gemacht,
sodass wir, wenn wir durch die Wasser der Trauer
und des Leides schreiten,
dich an unserer Seite finden,
kein ferner Gott, sondern einer,
der mitleidet in unserer Not,
dessen Gegenwart unsere Rettung ist.

Wir preisen dich, unser Gott,
der du uns nie verlässt oder verstößt.

Wir bringen dir den Lobpreis
der ganzen Schöpfung dar,
der du im Leben Jesu Christi gezeigt hast,
dass du unsere Freuden teilst,
uns in unseren Nöten nahe bist und hilfst.
Lob und Ehre und Herrlichkeit und Macht
gebühren dir, ihrem Ursprung, für alle Zeit. Amen.
Ian M. Fraser

Löwenzahn im Sonnenschein

Gott segne dich
durch Löwenzahnblüten im Sonnenschein,
voller Licht und Freude,
die auf wunderbare Weise wissen,
wann ihre Zeit gekommen ist,
und völlig zufrieden sind
an ihrem Platz.
Joy Mead

Segensspruch aus Dartmoor

Viele Steinkreuze stehen in Dartmoor. Die meisten wurden aufgestellt, um Wege über das Moor zu kennzeichnen, manche markieren Grenzen und andere bestimmte Orte oder Begebenheiten.

Mögen wir, in Gottes Namen
und im Namen seiner Stärke,
so stark im Glauben sein
wie der Granit des schroffen Felsens,
andere so reichlich versorgen
wie der Regen auf den Hügeln,
so viel Wärme und Liebe haben
wie die Sonne auf dem Moor,
so fröhlich singen wie die Feldlerche im Flug,
den Weg des Friedens weisen
wie das Steinkreuz am Wegesrand. Amen.

St Michael's (Princetown) Trust

Ein Segensspruch für kleine, grosse Momente

Mögest du stehen bleiben und sehen,
wie das Licht fällt und die Felsen glühen,
und möge Gott dich mit
kleinen, großen Momenten segnen,
die dein Herz zum Tanzen bringen.
Momenten, in denen du plötzlich aufmerksam wirst
auf all die überwältigende Schönheit
und Wunder und Fülle und Liebe
gerade da, wo du dich gerade aufhältst,
Momente, in denen du dich umsiehst und erkennst:
Gottes Reich ist jetzt.

Neil Paynter

Gott der Ernte

Gott der Ernte,
der du uns so viel geschenkt hast,
hilf uns so großzügig wie du zu sein,
damit die Welt deine Güte
und deinen Segen erfährt.

Simon Taylor

Ein Segensspruch des Herbstes

Wenn der Herbst den Park und das Feld
aufflammen lässt,
wenn aus Graben und Garten Rauch aufsteigt,
wenn die Vögel ihr Abschiedslied singen,
wenn der Frost seine Finger
nach dem Boden ausstreckt
und unsere Herzen warm werden
durch das, was wir riechen, hören und fühlen,
dann ist es Zeit
die schweren Steine des Zorns, der Reue
und der Angst fortzuwerfen,
die unsere Herzen verhärten.
Jetzt ist es Zeit, Steine des Lobes zu sammeln,
um unserem Gott einen Altar
der Dankbarkeit zu bauen
für den ganzen Segen unseres herbstlichen Lebens.

Kate McIlhagga

Möge es wirklich Weihnachten in uns werden

Möge es wirklich Weihnachten in uns werden
in dieser Weihnachtszeit:
mit der Freude, die das Herz überfließen lässt
und Nachbarn zu Freunden macht,
mit dem Geist des Friedens,
der Unterschiede versöhnt
und unseren Alltag zum Klingen bringt,
mit dem Geist der Liebe, der der Welt davon singt,
wie Gott ist.
Möge es wirklich Weihnachten in uns werden
in dieser Weihnachtszeit
und immerdar.

Jack Kellet

Weihnachten

Der Segen der Krippe –
Gottes Schöpfung ringsherum;
der Segen der Hirten –
Männer Gottes, mitten im Leben;
der Segen der Engel –
frohe Botschaft für alle Menschen
und der Welt Frieden
sei mit dir
jetzt und alle Zeit.

Jan Sutch Pickard

Hab keine Angst

Hab keine Angst –
weiße Flügel gleiten über das Weideland
und streifen die Wellen.

Hab keine Angst –
Kinder mit papiernem Heiligenschein
singen alte Worte, voller Staunen.

Hab keine Angst –
helle Sternbilder tanzen
auf dem Winterhimmel.

Hab keine Angst –
die Luft bebt von der Gegenwart Gottes
da, wo wir beten.

Hab keine Angst –
bewahre dein Feuer, bewahre dein Staunen.
Kämpfe mit Leidenschaft für den Frieden,
bleibe lebendig in der Herrlichkeit Gottes,
im Hier und Jetzt,
erkenne die Engel, die überall sind.

Jan Sutch Pickard

Am Ende eines Jahres

Wenn etwas zu Ende geht

Segne diese Türschwelle, Herr,
fege sie rein mit deinem Segen.

Segne meinen Blick, Herr,
schenke mir sehende Augen.

Segne meine Schritte, Herr,
gib mir gutes Fußwerk.

Segne meinen Weg, Herr,
leite mich in deiner Lehre.

Segne alle Pilger, Herr,
gib ihnen die Herzen von Hirten.

Segne unsere Welt, die auf Pilgerschaft ist,
bis sie zu dir heimkehrt.

Yvonne Morland

SEGENSGEBETE FÜR STATIONEN UNSERES LEBENS

Hier und jetzt

Mit dem unerwarteten Wunder
der Liebe und des Lebens und des Lachens
das plötzlich in meine Welt hineinplatzt
wie eine Sternenexplosion

mit dem Wunder meiner Persönlichkeit
mit den Menschen und den Wegen
die mich an diesen Ort geführt haben
hier, jetzt

mit Hoffnung und Staunen und Ehrfurcht
angesichts der Zukunft
der Abenteuer
die die Jahre bringen werden

mit all diesen Dingen
bin ich so reich gesegnet
ich bin randvoll mit Staunen
über Gott, der tief in mir wohnt.

Rosie Miles

Segensspruch zur Geburt

So wie ich deinen Kopf
in meiner Hand berge,
Kleines,
so möge Gott dich halten
und bewahren.

So wie ich dich
in meinen Armen wiege,
Kleines,
so möge Christus dich schützen
und umgeben.

So wie ich mich niederbeuge,
um deine Wange zu küssen,
Kleines,
so möge der Heilige Geist dich segnen
und ermutigen.

Kate McIlhagga

Segensspruch für eine Plazenta

In dieser Zeremonie geht es darum, die Plazenta zu begraben und darüber einen Baum zu pflanzen. Sie sollte in Gegenwart des Babys und der Mutter bzw. beider Eltern durchgeführt werden, eventuell von den Eltern selbst.

Gott, unser Schöpfer und Versorger,
wenn die Erde nun diese Plazenta aufnimmt,
lass uns Dank sagen dafür,
wie sie im Bauch von *(Name der Mutter)*
das Leben von *(Name des Kindes)* erhielt.

Das Blut in unseren Händen
trägt Leben, Schmerz, Geburt.
Möge es nun diesen Baum mit Lebenskraft erfüllen.

Möge uns die Verbindung von Blut und Erde
daran erinnern, dass wir untrennbar
mit der Erde verbunden sind.

Wenn wir den Baum wachsen sehen,
mögen wir mit Freude am Leben
und mit Respekt für deine Schöpfung gesegnet sein
und in der Wirklichkeit deiner Liebe
Wurzeln schlagen.
Amen.

Zam Walker Coleman

Ein Segensspruch, der nach einer Fehlgeburt oder Abtreibung verwendet werden kann

Es könnte ein Symbol für das Baby aufgestellt
und eine Kerze angezündet werden.

Mitfühlender Gott,
ich bitte dich, mein Baby zu segnen
und es mit deiner Liebe zu umgeben.

Ich bitte dich, mich zu segnen
in meiner Zeit des Kummers und Schmerzes und
der anhaltenden Trauer.

Ich bitte dich, dass du mich trägst,
wenn sich mein Körper umstellt,
dass du mich stützt,
wenn ich das Mitleid und
die Herablassung anderer spüre,
dass du mich in die Arme nimmst,
wenn ich über den schweren Fragen grübele,
die ich und andere haben.

Gib mir Mut, den Schmerz anzunehmen,
den Schmerz über das Ende dieser Erwartung,
damit ich vorwärts gehen kann
in Wahrheit und Liebe und Hoffnung.
Amen.

Zam Walker Coleman

Ein Willkommenssegen

(für Lorna)

Willkommen, Lorna!
Du kamst mit den Sommerrosen an,
deren Blütenblätter sich öffneten,
zerbrechlich und duftend,
geschüttelt von Regenstürmen,
gewärmt von der stärker werdenden Sonne.

Willkommen, Lorna!
Möge sich dein Leben
in Wärme und Schönheit entfalten.
Mögen dich die Engel beschützen
und dir die Heiligen Geschichten erzählen.
Mögest du in Liebe
umhegt und gepflegt und bewahrt werden.

Willkommen, Lorna!
Mögest du allen, die dir begegnen,
Freude bringen.
Mögen Gottes Gnade und Wunder
jeden Tag in dir mehr werden.
Mögest du gesegnet werden
durch die Gewalt
und die Weisheit Gottes.

Ruth Burgess

Segen für eine Adoptivfamilie

Segne die Familie, die meinen Sohn adoptierte,
weil sie ihm geben kann,
was ich ihm nie geben könnte.
Segne seine neue Mutter und seinen neuen Vater,
auch seinen neuen Bruder
und seine neue Schwester.
Gottes reicher Segen soll euch begleiten.

Linda Fraser

Segensspruch beim Freigeben eines Kindes zur Adoption

Wenn gewünscht, können die Namen der Eltern und des Kindes eingefügt werden.

Der Segen Gottes sei auf diesem Kind,
freigegeben in Liebe und Schmerz,
aufgenommen in Liebe und Freude.

Der Segen Gottes sei auf den Eltern
die dieses Kind ins Leben riefen,
ihm Liebe und Begabungen mitgaben.

Der Segen Gottes sei auf den Eltern,
die es in ihr Leben aufnehmen,
ihm Liebe und Pflege versprechen.

Der Segen Gottes sei auf uns allen,
der Segen der unendlichen Liebe,
der Segen der Hoffnung und des Lebens.

Pat Welburn

Eingepflanzt und verwurzelt in der Liebe

Julian of Norwich: Unser ganzes Leben ist eingepflanzt und verwurzelt in der Liebe … ohne die Liebe können wir nicht leben.

Wir alle kennen Verlusterfahrungen, Gott.
Gerade als wir es uns gemütlich gemacht hatten,
wurden wir aus dem Mutterschoß vertrieben,
ohne um Erlaubnis gefragt worden zu sein,
und mussten das Leben noch einmal neu beginnen.

Und das war erst der Anfang.
Wir schlugen Wurzeln, richteten uns ein,
dann die Pubertät!
Und die ganze elende Angelegenheit
fing noch einmal
von vorne an – und tschüss!

Man kann niemals stehen bleiben
da, wo man sich gerade auskennt,
so ist das Leben nicht.
So ist kein Wachstum möglich.

Trotzdem haben wir Glück.
Wir haben ein Dach über dem Kopf,
haben viel mehr,
Menschen, die sich um uns kümmern,
Freunde, die uns Heimat geben,
die uns Lebensraum geben. Es ist ein Segen.

Mach uns zu Gärtnern
für andere, Gott.
Verwandle den Kompost
unserer verworrenen Absichten,
unserer schwankenden Liebe

in fruchtbare Erde.
Hilf uns, andere zu pflegen,
und uns auch.
Pflanze uns ein und lass in uns
die Schönheit wachsen,
die du selbst bist.

Frances Copsey

Herr allen Lebens, ich preise dich

Möge der Gott, der mich schon immer kannte,
gepriesen sein!
Der mich kannte, als ich nur ein Funken Leben war,
der mich kannte,
als ich im Mutterleib gebildet wurde,
der mich in meiner Kindheit kannte
und als ich erwachsen wurde,
der mich bis heute kennt,
mich mehr durchschaut als Mutter oder Vater,
mehr Einblick hat als ein Lebenspartner,
mich besser kennt als ich mich selbst.
Solche Erkenntnis ist mir zu wunderbar,
zu hoch, unerreichbar.
Solche Erkenntnis ist dein, Herr allen Lebens.
Ich preise dich.

Solche Erkenntnis ist dein, Herr allen Lebens,
und doch weist du mich nicht zurück
und beschämst mich nicht.
Du lässt dich nicht durch Äußerlichkeiten täuschen,
ich kann vor deinen Augen nicht verbergen,
wo ich dich enttäuscht habe.
Du siehst so scharf, wie kein menschliches Auge
sehen kann,
und doch liebst du mich.
Du kleidest mich mit dem Leben Christi,
du siehst mich als der, der ich in ihm bin.
Solche Erkenntnis ist mir zu wunderbar,
zu hoch, unerreichbar.
Solche Erkenntnis ist dein, Herr allen Lebens.
Ich preise dich.

Ich feiere deine Gegenwart.
Ich preise dich, mein Herz singt
und platzt vor Freude,
meine Füße tanzen
und mein Körper schwingt freudig mit,
wenn ich erkenne, dass deine Liebe
nicht davon abhängt,
dass ich mich dir gegenüber richtig verhalte –
sie ist ohnehin für mich da.

Gepriesen seist du, Herr Gott,
gepriesen sei dein heiliger Name immerdar,
und alle Menschen sollen darauf
mit »Amen« antworten.

Ian M. Fraser

Ein Segensspruch für eine Hochzeit oder eine Partnerschaft

Möge euch Gottes Sternenglanz und Sonnenlicht
wärmen und willkommen heißen.

Mögen euch die Erzählungen Jesu und sein Lachen
rufen und herausfordern.

Mögen euch das Feuer und der Atem
des Heiligen Geistes
aufwecken und vor Schaden bewahren.

Möge euer Zuhause ein Ort der Gastfreundschaft
und Freundlichkeit sein,
ein einladendes Licht in der Dunkelheit,
ein Zufluchtsort, an dem Fragen gestellt
und Träume geträumt werden dürfen,
ein sicherer Raum für Freude und Tränen.

Lebt ein gutes Leben, *(Name)* und *(Name)*!
Mögt ihr das Leben zusammen feiern,
mögt ihr in der Liebe zueinander wachsen,
mögt ihr mit den Kindern tanzen,
mit den Heiligen und den Engeln,
mögt ihr geschätzt werden,
mögt ihr gesegnet sein.

Ruth Burgess

Der Segen von Gott, unserer Mutter

Liebende Mutter,
die du immer ganz genau weißt,
wann du uns einen Schubs geben musst
und wann es heißt abzuwarten,
auch wenn du dich nach Veränderung sehnst:
Gewähre uns den Mut, dich beim Namen zu rufen,
und gib uns die Gnade, dein »Timing« zu erkennen.

Schwester Christ,
die du uns mit warmer Milch nährst,
wenn das himmlische Festmahl zu üppig für uns ist,
und in deren Tod Erlösung liegt für unsere Wunden:
Lehre uns, mit dir unbeschwert zu sein,
damit wir die Freude erfahren,
die deine besondere Freiheit bringt.

Frau Weisheit,
die du für uns sorgst und unser Wachstum förderst:
Führe uns an in deinem wilden Tanz,
damit wir die unbekannten Pfade
mit frohem Gesang beschreiten
und die Erfüllung jener Träume finden,
die deinem Bild von uns entsprechen.

Chris Polhill

Segen in der Mitte des Lebens

Möge der Segen des Schöpfers auf dir sein:
Wärme und Willkommen und Sterne,
die im Dunklen tanzen,
dich zu umgeben und dich zu bestärken.

Möge der Segen des Verkündigers auf dir sein:
Gerechtigkeit und Freude und Brot für die Reise,
dich herauszufordern und dich zu inspirieren.

Möge der Segen des Heiligen Geistes auf dir sein:
Wind und Feuer und der helle Schal der Weisheit,
dich aufzuwühlen und dich zu trösten.

Möge der Segen von Freunden und Fremden
mit dir sein:
Engeln und Heiligen und spielenden Kindern,
dich zu ermutigen
und dich zum Freund zu machen.

Segen über Segen möge auf dir sein
auf der Hälfte deiner Reise.
Mögest du mit Aufrichtigkeit und Mut
beschenkt werden
in guten und schlechten Zeiten.

Mögest du stark und glücklich und kreativ sein.
Mögest du geborgen
und von Liebe umfangen sein.

Ruth Burgess

Zum Ruhestand

Gott segne dich,
wenn du nun in die Zukunft blickst.
Gott segne dich,
wenn du nun die Vergangenheit loslässt.
Gott segne dich in diesem Augenblick
mit lebendiger Hoffnung
und einem hoffnungsvollen Leben.

Kate McIlhagga

Die Zeit, die mir bleibt

Gott segne die Zeit, die mir bleibt:
das Kind zu halten,
den nächsten Frühling zu erleben,
mein Zimmer aufzuräumen,
zu vergeben und zu vergessen,
meine Hand auszustrecken
und Freunde zu gewinnen,
mein Leben in Frieden und Freude zu leben.
Gott, lass mir die Ewigkeit
zum Segen werden.

Kate McIlhagga

Für einen Freund, der im Sterben liegt

Schöpfer,
Umarmender,
Hirte,
von Anfang bis Ende unsere Stärke:
Du brachtest uns in diese Welt,
geh nun mit uns, das bitten wir dich.
Führe uns.
Ermutige uns.
Tröste uns.
Und dann, beim Wechsel der Gezeiten,
wenn wir bereit sind zu gehen,
bring uns sicher ans andere Ufer,
in deine ausgebreiteten Arme.

Jean Murdoch

Segensgebet in Trauer

Fundament unseres Lebens, ersehnte Gabe,
trauernd kommen wir zu dir, mit tiefem Schmerz,
und doch voller Freude über dieses Leben,
das so gut war und in seiner Vielfältigkeit
zur Vollendung gekommen ist.

Yvonne Morland

Geh sanft auf deine Reise

Geh sanft auf deine Reise, geliebter Mensch.
Gleite mit der Ebbe davon,
freue dich an einem neuen Sonnenaufgang.
Möge dir das Mondlicht auf dem Meer
den Weg leuchten,
möge der Sohn dich willkommen heißen.
Möge die Erde dich empfangen
und das Feuer dich reinigen,
wenn du unsere Liebe hinter dir lässt
und in die Gegenwart der vollendeten Liebe trittst.
Kate McIlhagga

Segensgebete für Arbeit und Freizeit

Segensspruch für meinen Laptop

Gott segne meinen Laptop,
wenn ich ihn morgens anschalte.
Möge sein Speicher meine mühsam erarbeiteten
Gedanken sicher bewahren.
Mögen seine Programme meinen Mangel
an technischem Wissen ausgleichen.
Möge sein Hilfsprogramm verständlich sein,
wenn ich nicht mehr weiter weiß.
Möge sein Rechtschreibprogramm
die richtigen Korrekturen vornehmen.
Möge er bescheiden genug sein,
um mir zu vermitteln,
dass ich noch Herr der Lage bin.
Möge unsere heutige Begegnung
knapp und zufriedenstellend sein.

Norman Shanks

Vor einer Sitzung

Wenn unsere Blicke sich treffen
und unsere Hände sich beim Gruß berühren,
möge Christus, der in jedem von uns wohnt,
unsere Sitzung segnen.

Möge Christus den Freiraum
zwischen Reden und Hören füllen,
zwischen Meinungen, die gegeneinander stehen,
Tatsachen und Wünschen.

Und möge uns Christus gute Absichten schenken,
damit an diesem Ort,
zu dieser Zeit
Gottes Wille geschehe.

Chris Polhill

Ein Segensspruch für Sitzungen

Lebendiger Gott, segne dieses Treffen,
damit durch Diskussionen und Entscheidungen
dein Wille geschehe und dein Königreich wachse.
Jesus, unser Freund, segne uns,
wenn wir Tagesordnungspunkte durchgehen,
damit wir uns Zeit nehmen und Raum schaffen,
um einander zuzuhören.
Bestärkender, herausfordernder Geist,
segne unsere Gedanken und unsere Worte,
damit wir erkennen können, was du von uns willst,
und den Mut haben, es auch umzusetzen.

Norman Shanks

An der Bürotür

Herr, gieße deinen Segen aus auf alle,
die hier arbeiten,
beflügle unsere gemeinsamen Bemühungen,
begrenze unsere Rivalitäten und Eifersüchteleien,
füge uns zusammen,
um dein Reich zu bauen.

Nick Burden

Ein Segensspruch für die Arbeit in einem Geschäft

Möge man dir Achtung entgegenbringen,
mögen deine Begegnungen freundlich sein,
mögest du immer genug Kleingeld haben

und am Ende des Tages
ein inneres Gleichgewicht finden.

Neil Paynter und Helen Lambie

Segensspruch für deinen Arbeitstag

Möge Gott dich segnen,
wenn du deine Arbeit tust,
wenn du schwierige Entscheidungen triffst.
Möge Gott dich segnen
in deinen Begegnungen
und dir Kraft geben für einen neuen Tag.

Kate McIlhagga

Wenn du zur Arbeit gehst

Wenn du zur Arbeit gehst,
möge Gott deine Gedanken zum Kribbeln bringen
und ein Lachen aus dir herauskitzeln
und einen Freund vorbeischicken,
der dich stürmisch umarmt.

Segensworkshop

Gott, segne diesen Computer

Gott, segne diesen Computer,
seine vielen Schalter,
die an- und ausgehen.
Gott segne meinen Körper,
diese Mischung aus chemischen Stoffen
und lauwarmem Wasser.
Gott segne unsere Welt,
diesen unbedeutenden Steinbrocken
in einem riesigen Universum.
Gott, lass uns wieder staunen.

David Coleman

Weisheit

Möge dich Gottes Weisheit leiten,
wohin du in dieser Welt auch gehst.
Möge Gottes Weisheit dich ermutigen
bei deiner täglichen Arbeit.
Möge Gottes Weisheit in dir arbeiten wie Hefe
und in dir aufgehen wie eine Hoffnung!
Mögest du Gottes Güte schmecken und sehen
und möge Gottes Weisheit dich erfreuen
jetzt, in dieser Nacht, und für immer.

Jan Sutch Pickard

Gott segne freie Tage

Gott segne freie Tage
keine lästigen Anrufe
nur Schreie von Austernfischern und Heringsmöwen

keine Post
nur Botschaften,
die in die Landschaft geschrieben sind

(wie ist das Leben doch manchmal
wie tausend Farbschattierungen
die man nicht auch nur annähernd
beschreiben könnte.
Und manchmal besteht das Leben einfach aus
blauem Himmel, grünem Gras, weißen Wellen)

keine Termine
nur eine Verabredung
mit mir selbst

keine Postzustellungen
nur das, was die Wellen mir zu Füßen legen
(Strandschnecken, Kaurimuscheln,
bunte Glasscherben wie Edelsteine,
Porzellan mit Blütenranken)

kein Verzetteln in unwesentlichen Dingen
nur die wichtige Angelegenheit,
in ein Felsbecken mit Meereswasser zu schauen
nichts, dem man nachgehen müsste
außer der Spur,
die eine Strandkrabbe hinterlassen hat

nichts, das abgespeichert werden müsste
außer Ideen für Gedichte

nichts, das festzuhalten wäre
außer dem Geschmack und der Art
und dem scharfen, salzigen Geruch dieses Tages

Gott segne freie Tage
und Zeit, in die man sich verkriechen kann

Zeit, neue Energien zu entdecken
um sie mitzunehmen zur Arbeit

um Gott noch umfassender zu dienen.

Neil Paynter

Segen für eine Kneipe

Segne diese Kneipe,
in der sich der Billardtisch versöhnlich ausstreckt,
in der das Messing hingebungsvoll poliert wird.

In der wir an einem Tisch sitzen,
eine Runde ausgeben, Chipstüten teilen,
trunken von Bier und guten Gesprächen und
Wein, der uns fröhlich macht.

In der die Jukebox heilige Musik spielt,
mit Nummern versehene Hits und Hymnen
aus denen wir
unsere Favoriten auswählen.

Segne diese Stammkneipe,
die durch Lachen hell und lebendig wird,
in der wir unsere Fehler zugeben,
unsere Erfolge feiern,
um Gesundheit und Glück und wahre Liebe beten,
dankbar werden für Freunde,
singen,
unser Glas erheben und
auf das Leben in all seiner Fülle trinken.

Neil Paynter

Segen für ein Sabbatjahr

(für Rosie)

Mögest du voller Vertrauen
in diese Sabbatzeit gehen.
Mögest du still in diese Sabbatruhe gehen.
Mögest du fröhlich in dieses Sabbatspiel gehen.

Lass es zu, dass sich dein Körper
in diesem Sabbatjahr entfaltet.
Lass es zu, dass dein Geist
in diesem Sabbatjahr zur Ruhe kommt.
Lass es zu, dass sich deine Seele
in diesem Sabbatjahr weitet.

Möge es dir seine Geheimnisse sanft enthüllen.
Möge es dir seine Wahrheit so vermitteln,
dass sie zu dir passt.
Möge es einen Reichtum an neuem Leben
in dir freigeben.

Gehe also froh in diese Sabbatzeit.
Gehe dankbar in diese Sabbatzeit.
Und möge Gott, die am Sabbat ruhte,
ihr Werk in dir betrachten
und ausrufen: »Es war sehr gut.«

Nicola Slee

Segensgebete für Häuser und ihre Bewohner

Aus einem Segensspruch für ein Gehöft

O Gott und Vater der ganzen Schöpfung,
wir, deine Kinder, bitten um deinen Segen
für dieses Land, das du uns anvertraut hast.

Herr Jesus, fleischgewordenes Wort Gottes,
sprich deine Friedensworte über diese Familie,
diese Gebäude, dieses Land.

Geist des lebendigen Gottes,
befähige uns nun,
den Segen Gottes weiterzugeben,
um deine Kinder zu stärken,
damit sie im Licht deiner Liebe
leben und arbeiten können.

Wir segnen nun diese Familie:
Im Namen Gottes,
von dem jede Familie auf der Erde
und im Himmel ihren Namen hat,
im Namen Jesu, der für uns gekommen,
für uns gestorben, für uns auferstanden ist,
im Namen des Heiligen Geistes,
der uns Liebe, Weisheit und Stärke gibt.
Der Segen des Heiligen Gottes sei auf euch.

Im Namen des Vaters,
Schöpfer des Himmels und der Erde,
im Namen Jesu,
der im Hause des Josef und der Maria wohnte,
im Namen des Heiligen Geistes,
der in unseren Herzen wohnt.
Der Segen Gottes sei auf diesem Haus
und auf allen dazugehörigen Gebäuden.

Im Namen des höchsten Gottes,
unserer Zuflucht und unseres Schutzes,
im Namen Jesu, unseres Friedens,
im Namen des Heiligen Geistes, der uns leitet,
mögen deine heiligen Engel
die Grenzen dieser Ländereien bewachen,
die Türen und Tore, Wälle und Zäune,
das Ein- und das Ausgehen.

Im Namen Gottes segnen wir diesen Garten,
möge er Schönheit und Nahrung hervorbringen
für die Kinder Gottes,
möge er ein Ort sein, wo Gott
mit seinen geliebten Menschen wandelt.

Im Namen Gottes segnen wir dieses Feld und alles,
was darin lebt,
damit es Frucht bringt zur Ehre Gottes
und zum Wohl seiner Kinder.

Und nun lasst uns mit der Engelschar
und mit der Wolke der unsichtbaren Zeugen,
die uns umgeben,
weil sie vor uns nach Hause gekommen sind,
in das ewig währende Loblied einstimmen:
Heilig, heilig, heilig ist der Herr Zebaoth,
Himmel und Erde sind seiner Ehre voll.
Ehre sei dir, o höchster Herr.

Ian Cowie

Segensspruch für ein Zuhause

Ich habe einen Ort gefunden,
den ich Zuhause nennen kann:
seine Wände umgeben mich sanft,
er gibt mir Raum,
er bietet mir Stille, er hält meine Ängste,
er gibt mir ein Dach der Sicherheit,
beschenkt mich großzügig,
er besteht aus Büchern und Kunst, Farbe und Licht,
durch Regale und Stapel gibt er mir Ordnung,
ist meinem Leben Vorratskammer;
er besteht aus Arbeit und Liebe
und Staub und grünen Gewächsen,
er besteht aus Lachen, Freunden und Essen,
er ist das Revier meiner Katze,
er ist so voll von mir und allem, was ich bin –
ich habe eine Heimat gefunden, einen heiligen Ort.

Rosie Miles

Segne meinen Hund

Gott aller lebenden Kreaturen,
segne meinen Hund:
den treuen Freund,
der ohne Worte
»Ich liebe dich« sagt,
der beschenkt und begrüßt,
leitet und beschützt,
ohne Bedingungen zu stellen.

Joy Mead

Segne meine Katze

Segne meine Katze,
denn für mich ist sie die Krone der Schöpfung:

Segne ihre Wildheit und Wärme,
segne ihr langes Fell,
segne ihren wertvollen Schwanz,
segne ihr Schnarchen.
Segne ihre besondere Treue zu *Felix*,
segne ihr Zusammensein mit mir,
segne ihr grollendes Schnurren,
segne ihre Suche nach mir.
Segne sie dafür, dass sie ganz und gar Katze ist,
segne ihre geschärfte Kralle.

Segne, Gott der Katzen,
alle, die Tag und Nacht
ihren Weg
durch die offene Katzentür nehmen.

Rosie Miles

Gott segne dich

Zur Eröffnung eines Gästehauses

Auf dem Reisenden, der hier Unterschlupf sucht,
ruhe der Segen dessen,
der »nichts hatte, wo er sein Haupt
hinlegen konnte«.

Auf dem Ermatteten,
von der Reise Mitgenommenen,
ruhe der Segen dessen,
der seinen Jüngern die Füße wusch.

Auf dem Leidenden, der kommt,
um Heilung zu finden
in der Schönheit von Bergen und See,
ruhe der Segen des Guten Hirten.

Auf dem Einsamen, der alleine kommt,
ruhe der Segen dessen, der versprach,
immer mit uns zu sein.

Auf dem Bedrückten,
der alles hinter sich lassen will,
ruhe der Segen des Friedenskönigs.

Meinen Frieden gebe ich euch,
euer Herz erschrecke nicht und fürchte sich nicht.

Ian Cowie

Ein Zuhause, das angefüllt ist mit Gott

(für Andrew, Amanda, Billy und David)

Möge euch Gott, der Schöpfer, segnen,
möget ihr begeistert sein
vom Sonnenlicht und Sternenglanz
und den Überraschungen
des sich drehenden Erdballs.

Möge euch Jesus, der Zimmermann, segnen,
möget ihr das Leben zusammen feiern
mit all seinen schweren und fröhlichen Zeiten.

Möge der Heilige Geist euch segnen,
möget ihr mit den Heiligen und den Engeln tanzen
in der Weisheit und der Wildheit seiner Liebe.

Möge euer Haus ein Zufluchtsort sein,
eine Kraftquelle und ein Ort des Willkommens:
voller Lachen, das in Musik und Geschichten steckt,
ein geschützter Raum, der einlädt zum Fragen,
wie der fröhliche Pfiff einer Lokomotive,
wie ein glatter, stiller Stein,
eine warme Umarmung in der Dunkelheit,
ein Zuhause, das angefüllt ist mit Gott.

Ruth Burgess

Segen für eine Familie

Der Segen wird von der Mutter und/oder dem Vater nach vielen Jahren des Elternseins gesprochen. Er kann entsprechend der Situation oder bestimmter Wünsche geändert werden. Es werden mehrere Steine mit verschiedenartiger Beschaffenheit benötigt: während des Segens wird ein kleiner Steinhaufen errichtet – der »Cairn« [sprich: kärn; schott. Wegzeichen], der im letzten Vers angesprochen wird.

Ein bunter Stein für mein Kind –
vom ersten Kindergartenbild
bis zu seinem jüngsten Kunstwerk.

Ein gesprenkelter Stein für mein Kind –
das sich manchmal weit entfernt
auch in seinen Gedanken.

Ein geschliffener Stein für mein Kind –
wenn es beständig in seiner Liebe
und ein treuer Freund ist.

Ein verwitterter Stein für mein Kind –
das sich durch Erfahrungen
verändert hat.

Ein glitzernder Stein für mein Kind –
wenn es sich selbst liebt
und geliebt wird.

Ein Erinnerungsstein für mein Kind –
das uns eine Weile gegeben war
und nun anderswohin gegangen ist.

Sechs Steine der Gnade für uns alle.
Ein Cairn für die Dreieinigkeit,
diese dreifaltige Familie
voller Energie, Liebe und heiliger Eintracht.

Judith Rack

Dank für Freunde

Voller Demut erkennen wir, wie gesegnet wir sind,
lieber Gott, und wir preisen dich
für das Leben unserer Freunde,
mit denen du uns beschenkt hast.

Sie sorgen sich um uns, halten uns,
reden offen über sich und uns,
besänftigen uns und
befreien uns von Schmerz.

Froh stellen wir
unsere Freunde unter deinen Segen,
bringen sie in dein Haus,
wo auch du dich über sie freust.

Yvonne Morland

Reden, lachen und zuhören

Reden
lachen
zuhören
ist Segen.

Trösten
unterstützen
beschützen
ist Segen.

Vergeben
vertrauen
achten
ist Segen.

Anerkennen
schätzen
lieben
ist Segen.

Freunde sind ein Segen.

Jenni Sophia Fuchs

SEGENSGEBETE FÜR ZEITEN ALLEIN

Wenn du Gottes Hilfe suchst

Ein Segensspruch nach Psalm 34

Wenn du Gottes Hilfe suchst,
wisse, dass deine Gebete erhört werden.
Auch wenn du dich fürchtest,
vertraue, dass du von Angst befreit wirst.
Begib dich in Gottes Hände
und du wirst Gottes Güte schmecken.
Sieh ins Licht
und dein Gesicht wird leuchten vor Freude.

Jan Sutch Pickard

Ein Segen in Zeiten der Dunkelheit

Segne, o Herr,
die dunklen Zeiten auf meinem Weg,
die Wunden meiner tiefsten Sehnsucht,
das Wagnis, weiterzuglauben.

O Vertrauter, Menschgewordener,
sei mir dort nahe, wo ich dich am meisten brauche,
wo du bereits bist:
in meinen Fehlern – bringe Heilung,
in meiner Leere – fülle sie aus,
in meinem Nichtssein – sei Gott.

Angela Ashwin

Segen in Zeiten der inneren Leere

Denn ich will sie hinausführen,
tief in die Wüste hinein,
und dort werde ich sprechen,
zu ihrem Herzen sprechen.

Wenn Jesus sich nicht finden lässt,
versuche es einmal mehr,
denke an das Festmahl,
suche ihn dort.

da Noust

Für die Gabe der Kreativität

Segne, Gott, die Gabe der Kreativität –
schüchtern zeigt sie sich, stolpert,
reckt sich, wird groß,
und wir riskieren alles, was wir haben und sind,
für die Freude darüber,
andere durch sie zu erreichen.

Und segne, Gott, die Orte und Menschen,
die unser Bedürfnis nach Kreativität kennen,
unsere zögerlichen Versuche fördern,
bis mächtige, wogende,
überschwängliche, pulsierende,
blühende, gesegnete Schönheit entsteht.

Für die Kraft, die in diesem Vorgang liegt,
preisen wir dich von ganzem Herzen.

Yvonne Morland

Umgib mich mit Licht

Umgib mich mit Licht,
damit mein inneres Auge
den Pfad, der vor mir liegt,
erkennen kann.
Erhelle meine Gedanken,
damit ich Wegweiser
nicht übersehe.

Gewähre mir Weisheit,
die daraus erwächst,
dass man wahr und falsch unterscheiden kann.
Und leite meine Schritte,
sodass ich, sollte ich straucheln oder stolpern,
aufgehalten von alten Vorstellungen,
die mich irreleiten,
dennoch mutig voranschreiten kann
mit der Entschlossenheit,
mit der man ein Ziel verfolgt.

Umarme mich
mit der Liebe,
die die ganze Welt bewegt,
dem Grundelement,
das alle Dinge verbindet,
in Abhängigkeit voneinander und doch unabhängig,
als Ganzes und doch jedes für sich,
und in der alle stehen, die mir verwandt sind.

Verfasser unbekannt

Licht und Dunkel

Ein Segensspruch nach Psalm 139

Licht und Dunkel sind eins für dich,
im Mutterleibdunkel formtest du uns.

Segne diese innere Dunkelheit:
Gib uns Mut, sie anzunehmen,
gib uns Weisheit, sie in unser Leben aufzunehmen
als Freund auf der Reise.

Damit auch aus diesem Dunkel
etwas Neues geboren werde.

Gott, der uns schuf, der neben uns ist
und in uns wohnt:
Licht und Dunkel sind eins für dich.

Chris Polhill

Für Zeiten der Dürre

Wir erbitten deinen Segen, Mutter Gott,
für unsere Zeiten der Dürre,
wenn der Brunnen mit lebendigem Wasser
im ausgetrockneten Land versiegt ist.

Hilf uns auszuharren,
beim Warten auf die stille, sanfte Stimme
zu lauschen,
die von Versprechen redet,
die nie gebrochen wurden,
leise in unseren Zweifel und unsere Angst
und unser Vergessen hinein.

Und wenn der Fluss zu uns zurückkehrt,
Schöpferin Gott,
lehre uns, die Fülle des Wassers zu preisen,
seinen Beistand gut zu nutzen,
um anderen beizustehen,
überzuströmen mit der Liebe, die aus dir kommt.

Yvonne Morland

Um den Segen ringen – Gebete der Heiligen des Nordens

Sieh, sieh
nach dem hell leuchtenden Licht am Himmel.
Aidan und Hilda sind hindurchgewandert
durch das Tor der Herrlichkeit.

Lausche, lausche

auf den Klang des Gebets
im Plätschern der Wellen.
Cuthbert klopft an die Himmelstür.

Sing, sing mit Caedmon
den Gesang von Gottes Wundern
in Sand, Meer und Sternen.

Achte auf die Heiligen,
neben dir und um dich:
die Hüter der Weisheit,
die Gastfreundlichen,
die Lehrer und Heiler:
die, die strahlen
von dem ursprünglichen Licht Gottes.

Die ganze Erde soll sich freuen
und die Himmel widerhallen
vom Jubel des Volkes Gottes.

Wie Hilda in den Norden zurückkehrte,
wie Columba Irland verließ,
nicht voll Freude und Lobgesang,
sondern mit Mühe und Zögern,
so lasst auch uns um den Segen ringen,
humpelnd weiterlaufen,
fragend beten,
unsere Hände in die Wunden
deiner Welt legen,
schwer fassbarer Gott.

Kate McIlhagga

Für Licht und Dunkelheit

Komm zu uns, Schöpfer Gott,
damit wir dich preisen können.
Befreie uns von dem klammernden Schatten,
wirf ihn in den Sternenhimmel.

Segne die Zeiten, in denen es in uns dunkel ist,
hilf uns sie zu ertragen, bis sie licht werden.
Halte uns auf in unserem Drang loszurennen,
stille in uns den Wunsch zu fliehen.

Komm zu uns, Schöpfer Gott,
damit wir dich preisen können.
Befreie uns von dem klammernden Schatten,
wirf ihn in den Sternenhimmel.

Yvonne Morland

SEGENSGEBETE FÜR SCHWERE ZEITEN

Manchmal überkommt mich Schmerz

Herr,
manchmal überkommt mich Schmerz –
Schmerz in den Gliedern, Schmerz in meinem Herzen.
Bewegungen und Gedanken werden schwer.
Doch warum erzähle ich dir das?
Du weißt es schon und trägst es mit mir,
hilfst mir, weiterzugehen,
segnest mich mit deiner Kraft und Liebe.

Joyce Clarke

Segen in Zeiten der Trauer

Du wirst Leid erfahren,
doch deine Trauer wird sich in Freude wandeln.
Und diese Freude
wird niemand
wird niemand von dir nehmen.

da Noust

Wenn unsere Tage dunkler werden

Wenn unsere Tage dunkler werden,
möge die Hoffnung in uns knospen wie der Efeu
und überraschend grüne Blüten treiben,
wenn der Winter kommt.

Frances Copsey

Segen für Menschen in Leid

Mögest du sicher das Ufer erreichen
nach der Fahrt über den dunklen Ozean

und wissen,
dass auch in den dunkelsten Tiefen

Hoffnung zu finden ist
und Frieden.

Mary Taylor

Segensspruch für Menschen, die mit niemandem reden können

Zuhörender Gott, segne all diejenigen,
die niemanden mehr haben,
mit dem sie reden können,
die befürchten,
dass Freunde sie ablehnen,
Familienmitglieder sie verstoßen,
Liebende sie verlassen werden.

Segne sie mit der Gewissheit, liebender Gott,
dass du sie liebst und annimmst,
welche Schuld sie dir auch bekennen,
dass du Licht und Schatten ihres Lebens verstehst,
dass du sie niemals arm, allein und beschämt
zurücklassen wirst.

Neil Paynter

In Zeiten des Kummers

Mögen wir entdecken, dass der Weg,
den wir uns nicht ausgesucht hatten,
den wir nicht gehen wollten,
eine breite Straße ist, die unweigerlich
ins Licht führt.

Frances Copsey

Ich brauche dich, um mich zu segnen

Ich brauche dich, um mich zu segnen,
nimm meine Hand.
Ich brauche dich, um mich zu segnen,
ich lausche dem Wind.

Ich ringe mit Engeln,
ich berühre den Sturm.
Mein Leib ist zerbrochen,
meine Seele zerrissen,

also brauche ich dich, um mich zu segnen,
ich brauche dich jetzt.
Ich brauche dich, um mich zu segnen,
bitte geh nicht weg.

Rosie Miles

Segen für Menschen mit Depressionen

Gott, sei mit all denen, die Depressionen haben.

Segne sie durch die Unterstützung
und das Verständnis
von Freunden und Verwandten
und sei nahe denen,
die weder Familie noch Freunde haben.

Beschütze sie, bergender Gott,
und hilf ihnen, bei dir ein Zuhause zu finden.

Neil Paynter

SEGENSGEBETE FÜR ABSCHIED UND NEUBEGINN

Wendepunkte

Die Schönheit ist unter uns,
wendet unsere bekümmerten Häupter,
wenn wir es am wenigsten erwartet haben.
Versteckt in den nackten Worten,
doch erlauscht. Lausche.

Die Körner auf dem Felde blühen,
drehen sich zur Sonne,
folgen ihr den ganzen Tag.
Für sie reicht der Tag aus,
die Zeit, die sie haben, reicht aus.

Als ob uns ein Straßenräuber
mit Pistolen bedrohte,
um uns alles zu geben, was er besäße,
und sich dann lachend entfernte,
noch immer mit vollen Taschen.

Auf einem Geisterpferd
kehrt der Reiter dem Krieg den Rücken.
sein Heer kehrt hinter ihm um,
um zu lernen, wofür Pflüge sind,
die von Geisterpferden gezogen werden.

Ich drehe mich wieder um,
um den Horizont zu betrachten.
Bald wird sich ein Segel zeigen.
Ein Boot wird kommen, immer kommt ein Boot.

Der Verstand wartet,
richtet sich ein zwischen dem, was ist,
und dem, woran er glaubt, schließlich akzeptierend.
Nun, mach einen Neuanfang.

Robert Davidson

Ein Segen für Ende und Neubeginn

Möge Gott, der Alpha und Omega ist,
gegenwärtig sein, wenn in unserer Welt
etwas zu Ende geht, etwas durchgehalten wird
oder etwas Neues begonnen wird,
um die ganze Schöpfung zu segnen,
zu erhalten und zu erneuern
und auf die Erlösung und Vollendung
der Zeit hinzuwirken.

Nicola Slee

Segen für einen Freund, der auf eine lange Reise geht

Dort, wo du wanderst,
möge die Erde deinen Füßen festen Halt geben.
Dort, wo du eintrittst,
mögest du dich willkommen fühlen.
Wo immer du dich auch niederlässt,
möge es ein gutes Zuhause sein.

Und wohin du auch gehst
in dieser großen weiten Welt,
auf deiner inneren und äußeren Reise,
wisse, dass meine Gedanken mit dir gehen.

Rosie Miles

Einen vertrauten Ort verlassen

Den Augenblick bewusst erleben

Herr, segne unser Abschiednehmen
von diesem vertrauten Ort.
Hilf uns, die Dinge zu packen,
die wir für unsere Reise brauchen,
und dann innezuhalten und zu bedenken,
was dieser Ort für uns bedeutet –
Erinnerungen, die sich
in jeder Ecke der Wohnung angesammelt haben,
deren Wände uns
über die Jahre ein- und ausgeatmet haben.

Wenn unser Abschied ein guter ist,
lass uns eine reiche Ernte mitnehmen,
um in Zukunft davon zu zehren.

Wenn wir uns im Unguten trennen,
schenke uns den Willen, zu prüfen,
wo wir etwas schuldig geblieben sind,
und daraus zu lernen,
weitere Verluste zu vermeiden
und weiterzuziehen.

Sylvia Pearson

Segen für ein befreites Leben nach Missbrauch

Verwenden Sie zwei Symbole: eines für die Situation, die Sie hinter sich lassen, und das andere für den neuen Lebensabschnitt.

Auferstehungsgott,
ich erbitte deinen Segen
für diesen Schritt ins Ungewisse,
für diesen Glaubenssprung in die Freiheit.

Ich weiß nicht, was mich erwartet,
doch ich weiß, was ich hinter mir lasse:
die Ketten der Angst, der Verachtung, der Macht,
das unaufhörliche Untergraben
und Ersticken des Lebens,
das grausame Gefängnis des Missbrauchs.

Ich entscheide mich für Befreiung,
Achtung und Aufrichtigkeit.
Ich entscheide mich, zu wachsen und zu gedeihen,
in meinem neuen Leben aufzublühen.
Ich entscheide mich für das Risiko,
mir und dir zu vertrauen.

Fülle mich mit deiner Gnade und hilf mir,
ganz und gar der Mensch zu sein,
als der ich von dir geschaffen wurde.

Zam Walker Coleman

Ein Abschiedssegen

Wenn wir nun Abschied nehmen, mein Freund,
möge dich die Liebe Gottes
auf deiner ganzen Reise bewahren.
Möge der auferstandene Christus
deine Füße lenken
auf dem Weg der Gerechtigkeit,
der Freude und der Hoffnung.
Möge der Heilige Geist dich ermutigen
und dich begleiten,
wohin du auch gehst –
bis wir uns wiedersehen.

Norman Shanks

Segen zu Beginn eines neuen Vorhabens

Herr,
ich stoße mein Boot in unbekannte Gewässer.
Ich fürchte mich vor Stürmen,
vor fremden Meeren
und anderen Seglern.

Bleibe bei mir
als mein Navigator, mein Steuermann, mein Lotse.

Hilf mir, meinen Blick immer nach vorne zu richten,
auf deine Anweisungen zu hören,
Sprachrohr für deine Worte zu sein.

Jean Williams

Zum Abschied

Gesegnet sei der Weg, den du heute einschlägst.
Da ist Jesus, der in Liebe wartet.
Geh in Frieden, in der Gewissheit seiner Vergebung,
denn er weiß, dass du sein Freund bist.

da Noust

Geht hin im Glauben, in der Hoffnung und in der Liebe

So geht nun
im Glauben, der die Welt überwindet,
in der Hoffnung, die euch nicht enttäuschen wird,
in der Liebe, die nie aufhört.

Ihr seid Botschafter Christi
und er ist immer mit euch.

Die Gnade, die Barmherzigkeit und der Frieden
des Vaters, Sohnes und Heiligen Geistes
segne, bewahre und beschütze euch
diesen ganzen Tag
und immerdar.

Ian Cowie

Der Schild und das Feuer Gottes

Wenn du nun diesen Ort verlässt
und weiterziehst an viele andere,

möge dich der Schild Gottes
vor Angriffen schützen

und möge das Feuer Gottes
inneres Leid verzehren.

Segensworkshop

Auseinandergehen am Ende eines Workshops für Frauen

Liebender Gott, segne uns,
wenn wir nun zusammen hinausgehen,
in der Kraft unserer Sehnsucht,
gestärkt durch unsere Solidarität,
unserer Bedürftigkeit bewusst,
um die Welt zu lieben und ihr zu dienen.

Yvonne Morland

Hinausgehen

Wenn wir nun diesen Ort verlassen,
mögen wir
gefüllt sein mit Verlangen und Staunen,
mit Sehnsucht und Lobpreis
und mit dem Mut zu lieben.

Rosie Miles

Lebendige Buchstaben seines Wortes

Möge Gott seine Botschaft
direkt in euer Herz schreiben,
euch segnen und leiten
und euch dann aussenden
als lebendige Buchstaben seines Wortes.

Neil Paynter

Ein Segensspruch für eine(n) Englandreisende(n)

Möge Gott mit dir gehen,
wenn du dieses Land bereist.

Mögen dir die Heiligen vergangener Zeiten
den Weg leuchten.

Mögest du entdecken, dass es wunderbar ist,
ihre Pfade zu beschreiten und zu erkunden.

Und möge die Liebe Gottes, die in Jesus Christus ist,
in dir wachsen und dir ein Segen sein,
dir Kraft und Glauben geben.

Segensworkshop

Helens Abschiedsgeschenk

Eine schnelle Umarmung,
ein Moment des Innehaltens
und ein spontaner Kuss,
wie ihn nur Dreijährige geben können.

Du auf deinen Zehenspitzen,
ich auf meinen Knien,
wir beide voller Liebe.

Das war mein Reisesegen,
und nichts
hätte besser sein können.

Ruth Burgess

Die vor uns liegende Reise

Segne, o Gott,
die vor uns liegende Reise.
Segne die Fahrt
und die Ankunft.
Segne die, die uns willkommen heißen,
und uns, die wir ihre Gastfreundschaft annehmen,
damit Christus in unsere Mitte komme
beim Reisen und beim Ausruhen.

Kate McIlhagga

Das Leben ist eine Reise nach Hause

Wir brechen auf und gehen auf die Reise,
die vor uns liegt,
in dem Wissen, dass, wenn Christus vorangeht,
das Leben eine Reise nach Hause ist.
Darum reisen wir im Glauben,
in der Hoffnung und in der Liebe.

Im Namen und im Segen Gottes,
des Vaters, des Sohnes und des Heiligen Geistes.
Amen.

Ian Cowie

SEGENSGEBETE FÜR DEN WEG EINES PILGERS

Eine Nacht so hell wie der Tag

Ein Segensspruch nach Psalm 139

Möge Gott, für den die Nacht so hell ist
wie der Tag,
deine Füße lenken, wenn du nun gehst.

Möge Gott, der mit dir ist, wenn du sitzt
und wenn du stehst,
dich mit Liebe umgeben
und dich an deiner Hand führen.

Möge Gott, der deinen Weg kennt
und die Orte, an denen du Rast machst,
in deinem Warten bei dir sein,
deine gute Nachricht sein,
die du weitersagen kannst,
und dich in Richtung der Ewigkeit führen.

Jan Sutch Pickard

Freunde und Heilige und Engel

Segne uns, Gott,
durch Heilige, die uns Geschichten erzählen,
durch Engel, die uns überraschen,
durch Freunde auf unserem Weg.

Beschenke uns, Gott,
mit Kraft und Freude und Mut
in all unseren Nächten
und all unseren Tagen.

Ruth Burgess

Lachen auf dem Weg

Möge Gott mit dir sein
an diesem und jedem Tag.

Die Treue Gottes,
um dich zu bewahren.
Die Freundschaft Jesu,
um dir ein Lachen mit auf den Weg zu geben.
Der Duft des heiligen Geistes,
um dich zu erfrischen.

Möge Gott mit dir sein
an diesem und jedem Tag.

Segensworkshop

Gesegnet seien unsere Füsse

Gesegnet seien unsere Füße,
die den Pulsschlag
des Lebens fühlen
und uns forttragen
im tanzenden Gebet.

Joy Mead

Herr jedes Pilgerherzens

Herr jedes Pilgerherzens,
segne unsere Reise
auf diesen Wegen,
die wir nie gehen wollten,
doch
auf denen
wir uns
durch deine
erstaunliche Führung
wiederfanden …

Peter Millar

In den Rissen

Mögest du immer einen Blick
für die überwältigend schönen
weißen Blumen haben,
die in den Rissen im Asphalt wachsen,
und möge dein Weg auf dieser Straße
voller kleiner Auferstehungen sein.

Neil Paynter

Zeit für dich allein

Mögest du das Alleinsein genießen:
am weiten Meer,
unter den fernen Sternen,
in den warmen Sonnenstrahlen,
im sanften Regen.
Und möge Gott,
der in der Weite wohnt,
deinen Weg auf dieser guten Erde
segnen.
Joy Mead

Ein Volk von Pilgern

Gott, sei mit uns auf unserer Reise,
Jesus, leite uns in deiner Liebe,
Herr, schenke uns einander,
erneuere dein Pilgervolk.
da Noust

Der du mit uns gehst

Du, der du
mit uns gehst
jeden Schritt
auf unserem Weg,
beschenke uns
mit deiner Gegenwart
auch in
diesen merkwürdigen Widersprüchlichkeiten,
die an den meisten Tagen
unser Leben kennzeichnen.

Peter Millar

Segen für den Lebensweg

Gott sei mit dir
auf einem schweren Lebensweg.
Christus sei mit dir
im Feiern.
Der Heilige Geist sei mit dir,
um dich zu ermutigen und zu segnen
zu jeder Zeit und immerdar.

Kate McIlhagga

Im Wechsel gesprochene Segensgebete

Der Friedenssegen

Mit allen Kindern Gottes
sei der Segen Gottes, unseres Vaters. *Amen.*
Mit euch, geliebten Söhnen und geliebten Töchtern
Gottes, sei der Segen des Vaters. *Amen.*
Auf euren Häusern, euren Familien und eurer Arbeit
liege der Segen des Vaters. *Amen.*

Ihr Alten und Jungen:
Der Friede des Herrn Jesus sei mitten unter euch.
Ihr, die ihr Streit miteinander habt:
Der Friede des Herrn Jesus versöhne euch.
Ihr, die ihr verschiedene Auffassungen
vom Glauben habt:
Der Friede des Herrn Jesus verbinde euch.

Ihr, die ihr eure Schuld und Schwäche bekannt habt:
Der Friede des Herrn Jesus sei mit euch.
Ihr, die ihr durch die Sünde anderer
verletzt worden seid:
Der Friede des Herrn Jesus sei mit euch.
Ihr, die ihr krank oder bedrückt seid:
Der Friede des Herrn Jesus sei mit euch.

Ihr, die ihr unter Ungerechtigkeit und Unrecht leidet:
Der Friede des Herrn Jesus sei mit euch.
Ihr, die ihr anderen Heilung bringt:
Der Friede des Herrn Jesus sei mit euch.
Ihr, die ihr die gute Nachricht von der Liebe Gottes
in Jesus weitertragen wollt:
Der Friede des Herrn Jesus sei mit euch.

Der Geist des Friedens sei in euch,
euch zu leiten auf dem Weg, den ihr gehen sollt.
Der Geist des Friedens sei in euch,
euch auszurüsten für jede Aufgabe.
Der Geist des Friedens sei in euch,
euch durch und durch zu heiligen.

Der Frieden, der alles Verstehen übersteigt,
sei mit euch. *Amen.*
Der Frieden, den die Welt nicht geben kann,
sei mit euch. *Amen.*
Der Frieden, den Jesus schenkt, sei mit euch. *Amen.*

Habt nun Frieden im Herzen.

(Stille)

Im Namen des Vaters und des Sohnes
und des Heiligen Geistes. *Amen.*
Ian Cowie

Ein Abendsegen

Die Sonne ist über den Hügeln
im Westen untergegangen,
Herr, wache über uns.
Der Schatten des Abends fällt über das Moor,
Herr, bewahre uns in deinem Licht.
Der Himmel verdunkelt sich
und die Sterne erfüllen die Nacht,
Herr, behalte uns in deinem Herzen.
Die Wege und Pfade liegen verlassen,
Herr, halte uns auf deinem Weg.
Gnädiger Gott, Vater, Sohn und Heiliger Geist,
segne uns
und bewahre uns und deine ganze Schöpfung
in deiner Liebe,
diese Nacht.
Amen.

St Michael's (Princetown) Trust

Aufbruch

Wenn wir uns nun darauf vorbereiten,
diesen Ort zu verlassen und aufzubrechen
zu neuen Entdeckungen
und neuen Herausforderungen,
lasst uns um Gottes Segen bitten:

Möge Gott uns die Demut und den Humor schenken,
den gute Wegbegleiter brauchen. *Amen.*

Möge Gott uns Großherzigkeit schenken
denen gegenüber, die einen großen Verlust
erlitten haben. *Amen.*

Möge Gott uns für unseren weiteren Weg
Mut und Kreativität schenken. *Amen.*

Im Namen Gottes, der es wagt, Neues zu schaffen,
im Namen Jesu, der aufbrach nach Golgatha
und dort nicht stehen blieb,
und im Namen des Heiligen Geistes,
der Hoffnung und Stärke in uns weckt,
lasst uns im Frieden gehen
und als Frauen und Männer,
die Teil einer Gemeinschaft geworden sind,
Zeugen für deine Kirche sein. Amen.

Frances Copsey

Bringer des Lichts

Bringer des Lichts – *erleuchte uns*
Feuer aller Feuer – *schmelze uns*
Kraft aller Kräfte – *stärke uns*
Liebender aller Liebenden – *wärme uns*

Wunderbarer Erzähler – *ermutige uns*
Zerstörer der Dunkelheit – *rette uns*
Maß der Wahrheit – *prüfe uns*
Befehlshaber der Sterne – *fülle uns mit Staunen*

Quell der Weisheit – *präge uns*
Wasser des Lebens – *erfrische uns*
Tagtänzer – *freue dich an uns*
Atem des Universums – *segne uns.*

Ruth Burgess

In der Liebe Gottes

Mögen wir gewärmt
und willkommen geheißen werden
von der Liebe Gottes.

Mögen wir gestärkt und geheilt werden
von der Freude, die Jesus schenkt.

Mögen wir herausgefordert und gesegnet werden
vom Atem des Heiligen Geistes.

Ruth Burgess

Die Herrlichkeit Christi im Segen der Schöpfung

O Christus, dessen Herrlichkeit
in den Sternen leuchtet:
erfülle unser Leben mit deinem Licht.
O Christus, dessen Herrlichkeit
sich in jeder Pflanze und jeder Kreatur spiegelt:
erfülle unsere Herzen mit deiner Liebe.
O Christus, dessen Herrlichkeit die Erde erfüllt:
erfülle unsere Herzen mit deiner Kraft.

Segne uns, lehre uns, mit dir und mit der Erde
und ihren Geschöpfen in Frieden zu leben,
damit deine Herrlichkeit weiterhin
unter den Menschen bezeugt werde. *Amen.*

St Michael's (Princetown) Trust

Herbstfarben, Ernte und Nebel

Möge der Gott,
der die Farben des Herbstes schenkt,
unser Leben durch seine Gegenwart reich machen.
Möge der Gott, der im Herbst die Ernte schenkt,
unser Leben durch seine Liebe erhalten.

Möge der Gott,
der den herbstlichen Nebel schenkt,
unser Leben mit seinem Frieden umhüllen.

Möge der Gott, der in Jesus zeigte,
dass aus dem Tod Leben entsteht,
uns mit seinem Leben beschenken,
jetzt und in alle Ewigkeit.
Amen.

St Michael's (Princetown) Trust

Schöpfer, Verkündiger, Atem des Lebens

Gott, der Schöpfer, segne uns
mögen wir weise und stark und heilig werden

Gott, der Verkündiger, segne uns
mögen wir Fröhlichkeit, Gnade und Heilung erfahren

Gott, der Atem des Lebens, segne uns
mögen wir mit Mut, Neugierde und Freude gefüllt werden

Gott segne uns jetzt und immerdar
mögen wir den Weg nach Hause in Liebe gehen.

Ruth Burgess

Segensgebet zum Ausgang

Das Gebet kann von zwei Gruppen im Wechsel gesprochen werden (zum Beispiel von Jungen und Alten, von Männern und Frauen oder von gegenüberliegenden Seiten der Kirche aus).

A Möge uns der Segen Gottes umgeben
B Mögen Engel und Freunde unsere
Wegbegleiter sein
A Mögen wir beschützt, geliebt
und geschätzt werden
B Mögen wir auf heiliger Erde gehen

A Mögen uns Glaubensgeschwister bereichern
B Mögen wir durch Weisheit und Gerechtigkeit
gestärkt werden
A Mögen wir klug und stark und kreativ sein
B Mögen wir das Leben und die Hoffnung feiern

A Mögen wir mehr und mehr
zum Bild Gottes werden
B Mögen wir durch Lachen
und Mut geheilt werden
A Möge uns das Evangelium des Lebens erhalten
B alle Tage auf unserem Weg nach Hause.

Ruth Burgess

Segensgebete für bestimmte Menschen

Ein Segensspruch für Agnes Mary

Gott segne dich, Agnes Mary,
mögest du weise, stark und kreativ werden,
mögest du die Freude erfahren, die Jesus schenkt,
mögest du in der Ausgelassenheit
des Heiligen Geistes tanzen.
Möge Gottes Herrlichkeit in dir
immer größer werden,
auf sanfte, mächtige, zärtliche Art.
Mögest du Geborgenheit finden
in Wärme und Heilung,
mögest du von Gottes Weisheit
und Liebe gehalten werden.

Ruth Burgess

Ein Segensspruch für Bryan

Möge dich Gott, der die Sterne schuf,
im Arm halten und dich umgeben.
Möge dich Gott, der Geschichtenerzähler,
locken und ermutigen.
Möge dich Gott, der Leben verändert,
herausfordern und umsorgen.

Mögest du deinen Weg
im Licht von Gottes Liebe
und mit seinem Lachen gehen
in jedem Augenblick deiner Nächte und Tage.

Ruth Burgess

Die Kerze, die ich anzünde

Möge die Kerze, die ich anzünde,
mehr sein als nur eine Kerze.
Das soll sie für dich sein:
die Berührung eines Liebenden,
das Lächeln eines Kindes,
ein frischer Regenguss,
ein Garten voller Sonnenblumen,
ein gutes Essen,
ein Hund zum Streicheln,
ein Becher klaren Wassers,
Blumen für einen Freund,
ein gehauchtes Ja,
ein Samen der Hoffnung,
ein geschenkter Augenblick ...

Das soll sie sein:
Heilung für deine Krankheit,
Nähe in deiner Einsamkeit,
Trost in deiner Trauer,
Selbstachtung, wenn du abgelehnt wirst,
Liebe, die weitergegeben werden kann.

Möge sie ein leuchtender Augenblick
in einer kurzen Zeit der Dunkelheit sein:
ein Hoffnungsschimmer,
ein Gebet,
ein Segen.

Joy Mead

Die Dunkelheit Gottes – ein Segen

(für John und Mike)

Dieses Segensgebet wurde für zwei Freunde geschrieben: John Hull, der blind ist, und Mike Holroyd, der sehbehindert ist. In diesem Gebet wird bewusst versucht, Sprache und Bilder aus der Erfahrung von behinderten Menschen positiv zu verwenden.

Und die Dunkelheit Gottes wird dir ein Segen sein
und die Nacht wird dir zu einem Weg werden.
Und du sollst ihn froh und fröhlich gehen
und du sollst auf ihm
mit hocherhobenem Kopf laufen.

Und kein Raubtier wird dich anfallen
und nichts Unreines soll dir den Weg versperren.
Denn Engel werden dich
auf diesem Weg beschützen
und dich unter dem Schatten ihrer Flügel leiten.

Bis du endlich das Tor der Hoffnung erreicht hast
und über die Türschwelle der Freude gehst,
um in der Burg des Friedens
willkommen geheißen zu werden
und deine Seele unter dem Portal der Liebe
auszuruhen.

Und dort wirst du
am königlichen Festmahl teilnehmen
und am Bankett der Liebe sitzen.
Und du wirst hören,
wie jemand sanft deinen Namen ruft,
und du wirst eintreten in die Dunkelheit
und die Freude Gottes.

Und die Blinden werden dich
in Gottes strahlende Dunkelheit führen
und die Tauben werden dich
in Gottes stille Dunkelheit führen
und die Stummen werden dich
in Gottes beredte Dunkelheit führen
und die Lahmen werden dich
in Gottes tanzende Dunkelheit führen.

Denn in dieser Stadt wird keine Lampe leuchten,
weder Sonne noch Mond den Himmel schmücken.
Denn die Dunkelheit Gottes
wird jede Traurigkeit erhellen
und die Prächtigkeit der göttlichen Dunkelheit
wird jedes Auge blenden.
Und die Fülle der göttlichen Herrlichkeit
wird jede Sehnsucht stillen
und das Geheimnis der göttlichen Schönheit
wird jedes Verlangen sättigen.

Und so wird die Dunkelheit Gottes ein Segen sein
und der Schatten Gottes wird dir
ein Licht sein, lieblicher als der Morgen,
eine Leuchte, strahlender als die Sonne.
Und deine Blindheit
wird das Zeichen deiner Treue sein
und Gottes Treue wird durch den Stern
der ewigen Nacht besiegelt werden.

Nicola Slee

Der Segen von Jesus, dem »Ich bin«

Jesus

… das lebendige Brot,
nähre dich
und gebe dir Kraft, sein Werk zu tun.

… das Licht der Welt,
erhelle dein Leben und
leuchte durch dich hindurch.

… der gute Hirte,
führe dich sicher
durch grüne Auen
und durch dunkle Täler.

… die Auferstehung und das Leben,
erwecke dich
zu neuem Leben.

… der Weg, die Wahrheit und das Leben,
führe dich auf seine Art,
befreie dich durch seine Wahrheit,
heile dich durch sein Leben.

… der wahre Weinstock,
trage Frucht
in deinem Leben,
wenn du bei ihm bleibst.

… der Anfang und das Ende,
sei dein Alles,
dein Ziel, dein Ruhm
jetzt und in alle Ewigkeit.

Ian Cowie

In der Mitte deines Lebensweges

Ein Segensgebet zum Geburtstag von Frances

Mit dem Lächeln Gottes
mögest du gewärmt und angenommen werden.

Mit der Freude, die Jesus schenkt,
mögest du umgeben und geheilt werden.

Vom Atem des Heiligen Geistes
mögest du herausgefordert und geschützt werden.

In der Mitte deines Lebensweges
mögest du tanzend Gott begegnen,
in den Sternen der Nacht und in Engeln
und in Schneeglöckchen an frostigen Wintertagen.
Mögest du geschätzt werden,
mögest du gesegnet sein.

Ruth Burgess

Segensgebet für einen Sterbenden

(für Stuart)

So wie du gelebt hast
im Licht der Wahrheit
so mögest du sterben

So wie du geliebt hast
mit reinem Herzen
so mögest du geliebt werden

So wie du andere beschenkt hast
aus freien Stücken
so mögest du nun empfangen

So wie du immer
ein aufrechter Mensch gewesen bist
so mögest du nun aufrecht stehen

So wie du gereist bist
am Horizont die Hoffnung
so mögest du auch jetzt noch reisen

So wie du für andere gesorgt hast
mit sanften Händen
so mögest du nun gehalten werden

Und so wie du sie ausgestrahlt hast
die Liebe und Gnade Gottes
so möge dich diese Liebe und Gnade nun leiten
schützen und bewahren
bis du im ewigen Glanz stehst.

Nicola Slee

Ein Segensgebet für Mary zu ihrem 50. Geburtstag

Möge der Segen des Schöpfers mit dir sein
Wärme und Willkommen
und Sterne in der Dunkelheit
dich umgebend, dich verehrend.

Möge der Segen Jesu mit dir sein
Gerechtigkeit und Abenteuer und Brot für den Weg
dich stärkend, dich ermutigend.

Möge der Segen des Heiligen Geistes mit dir sein
Wind und Feuer und eine Stimme in der Stille
dich aufrüttelnd, dich schützend.

Möge der Segen aller Kinder Gottes mit dir sein
Heilige und Freunde und Familie und Fremde
dich einladend, dich versorgend.

Segen und Lachen und Weisheit
sollen mit dir sein, Mary.
Mögest du voller Aufrichtigkeit und Heilung sein.
Mögest du stark und kreativ sein
und eine Erzählerin großartiger Geschichten.
Mögest du mit den Heiligen feiern
und mit den Engeln tanzen.
Mögest du mit Gott gehen
in allen deinen Tagen.

Ruth Burgess

Ein Segensgebet für die diamantene Hochzeit von Joe und Eileen

Ein Segen, Eileen,
ein Segen ruhe auf deinem Leben und Lieben –
der Segen Gottes, deines Schöpfers,
der Segen Jesu, der dir das Leben schenkt,
der Segen des Heiligen Geistes,
der dich mit Staunen und Freude erfüllt.

Der Segen deiner Freunde, der alten und der neuen,
der Segen der Heiligen,
die an deinem Tisch gesessen haben,
der Segen der Engel, die durch deine Tage tanzen.

Ein Segen, Joe,
ein Segen ruhe auf deinem Leben und Lieben –
der Segen Gottes, deines Felses und Erhalters,
der Segen Jesu, deines Verkündigers,
der Segen des Heiligen Geistes,
der dich mit Weisheit und Stärke füllt.

Der Segen deiner Kinder,
die du großgezogen und beschützt hast,
der Segen der Heiligen und der Sünder,
für die du gesorgt hast
und denen du Freund geworden bist,
der Segen der Engel, die deine Grenzen bejaht
und über die Sackgassen und Fettnäpfchen
in deinem Leben gewacht haben.

Ein Segen, Eileen und Joe,
ein Segen ruhe auf eurer Familie,
auf den Kindern, die ihr in den Armen gehalten habt
und ins Erwachsensein habt ziehen lassen,
auf dem Enkelkind, das eure Geschichte fortsetzt.

Sechzig Jahre ist eine lange Zeit,
um zu lernen und zu lieben und zu wachsen
und Gottes Herrlichkeit
in der Schönheit eures Lebens widerzuspiegeln.

Ein Segen komme heute auf dieses Haus
und auf euer gemeinsames Leben:
Joe und Eileen,
mögt ihr weiterhin
in Gott verliebt sein,
in das Leben verliebt sein,
ineinander verliebt sein.
Und möge Gott euch zulächeln,
Jesus euch Zuflucht gewähren
und der Heilige Geist euch versorgen,
euch und eure Kinder und Kindeskinder,
jede Stunde und Minute
eurer Tage und eures Lebens.

Ruth Burgess

Ein Segensspruch für ein neues Mitglied der Iona Community

Möge Gottes Gnade dein Gesicht bescheinen,
möge dich Gottes Gerechtigkeit herausfordern,
möge dich Gottes Barmherzigkeit ermutigen,
möge dich Gottes Mut in dunklen Zeiten tragen,
möge dich Gottes Macht demütig machen
und Gottes Demut dich inspirieren,
möge dich Gottes Großzügigkeit überraschen,
möge Gottes Glanz dich blenden,
möge dir Gottes Treue Hoffnung geben –
heute und alle Zeit.

Norman Shanks

Ein Gebet für Alice und ihre Familie

Du bist hier,
gibst auf mich Acht,
gibst mir Kraft.

Du bist hier,
lächelst mit mir,
tanzt
durch die Erinnerungen
an all meine Nächte und Tage.

Du bist hier,
wenn die Stunden lang werden,
wenn ich müde bin,
mir Sorgen mache
oder Schmerzen habe.

Du bist hier,
wenn ich mich festhalten will
an bestimmten Augenblicken,
wenn ich sie nicht
loslassen will.

Du bist hier
und du hörst mich,
wenn ich dir Fragen stelle,
wenn ich um Hilfe bitte.

Du bist hier bei mir.
Du bist bei denen, die ich liebe.
Ich bin froh, dass du dich um uns kümmerst.
Danke.

Bitte segne und bewahre uns
auf all den Wegen, die wir gehen,
auf unserer Reise nach Hause.

Ruth Burgess

Die Menschen, die Gott »die Gesegneten« nennt

Wenn ich das richtig verstehe,*
nennt Gott die Menschen »gesegnet«,
die
den Hungrigen zu essen geben,
die Fremden aufnehmen,
den Notleidenden Freunde sind,
sich um die Kranken kümmern.

Kein Wort darüber,
woran sie glauben oder nicht glauben,
nur eine Beschreibung davon,
wie sie ihr Leben leben.

So erbitte ich deinen Segen, Gott,
für meine Freunde,
die nicht an dich glauben
können oder
wollen.
Einen Segen, den sie nicht erwarten
und den sie doch erkennen werden.
Einen Segen voller Freude,
Aufrichtigkeit und Gerechtigkeit,
einen Segen voller Liebe und Leben.

Ruth Burgess

*Matthäus 25, 34-46

Weitere kleine Segensgebete

Ein Willkommensspruch

Mögest du
an jedem Ort, in jedem Menschen
und in der Tiefe deines eigenen Herzens
Gott begegnen.

Jan Sutch Pickard

Gott, segne unser Träumen

Gott, segne unser Träumen.
Hole uns aus unserer Langeweile und Leblosigkeit,
damit wir mit den Narren tollen,
mit den Kindern hüpfen,
auf dem Wasser gehen
und mit den Engeln fliegen.

Joy Mead

Möge Gott dich wie eine Liebende umfangen

Möge Gott dich wie eine Liebende umfangen,
möge sie deine Wunden zärtlich berühren,
möge sie dich sanft streicheln
und mögest du in der Welt
ein Zeichen ihrer Berührung sein.

Rosie Miles

Segnen eines Spielzeugs

Gott segne dir
diese Puppe, Kleines,
möge sie dir Freude bringen.
Gott segne dir
dieses Spielzeug, Kleines,
möge es dich Zärtlichkeit lehren
und deine Phantasie anregen,
sodass dir Flügel wachsen.

Kate McIlhagga

Kraft, Frieden und Dynamik

Die Kraft Gottes sei mir dir.
Der Frieden des Sohnes sei mir dir.
Die Dynamik des Geistes sei mit dir.
Und möge dich der heilige Dreieinige
auf deinem Weg
schützen und nähren.

Segensworkshop

Segensspruch für Liebende

Möge der Gott aller Leidenschaft
unsere Liebe und unser Verlangen entzünden,
damit durch das Sehnen unseres Lebens
Gottes Gerechtigkeit und Schönheit offenbar werde.

Nicola Slee

Der Segen der Stille

In diesem Gebet ist die Stille genauso wichtig wie die Worte.

Lauschender Gott, wir danken dir
für den Segen der Stille.

Die Stille des Sonnenaufgangs.

Die Stille des Nebels auf den Hügeln.

Die Stille des Zuhörens.

Die Stille am Ende einer Geschichte.

Die Stille zwischen den Tönen.

Die Stille zwischen Freunden.

Amen.

Jan Sutch Pickard

Tischsegen

So wie viele Fäden im Tuch eins werden,
so wie viele Körner im Brot eins werden,
so wie viele Trauben im Wein eins werden,
so werden wir, die wir viele sind, nun eins,
die wir um diesen Tisch stehen,
der mit einem Tuch gedeckt ist,
auf dem der eine Kelch steht,
und mit dem einen Laib gespeist werden.

Nicola Slee

Christus jedes leidenden Herzens

Du Christus jedes leidenden Herzens
segne uns
wenn wir anfangen
aufzuwachen und
mehr und mehr zu erkennen
dass du lebendig und gegenwärtig bist
in
den Gefolterten
den Verlassenen
den Verfolgten
den Gefangenen
den Ausgebeuteten
den Betrogenen
den Geschändeten
den Missbrauchten
den zum Schweigen gebrachten.

Peter Millar

Gummibandsegen

Gott gebe mir Gnade und Freiheit
um die Dinge zusammenhalten zu können –
mit etwas Elastizität!

Jan Sutch Pickard

Das Wunder des Alltäglichen

Mögest du in deinem eigenen Leben
ganz präsent sein,
bereit, dich überraschen zu lassen
vom Wunder jedes alltäglichen
Augenblicks.

Joy Mead

Träume und Visionen

Möge der Gott der Träume und Visionen
dich befähigen, kreativ zu träumen
und auf die Träume anderer zu hören –
die der Jungen und Alten – in deiner Gemeinde.
Mögest du offen sein für neue Ideen,
es wagen, von deinen Visionen zu erzählen,
ermutigt werden zu hoffen.

Jan Sutch Pickard

Uns alle und jeden von uns

Segne uns, Gott.
Segne uns alle, Gott.
Jeden von uns.
Jeden Teil von uns.
Wir wollen erfüllt werden
mit deiner Liebe und Kreativität.
Wir wollen erfüllt werden von dir.

Ruth Burgess

Segensspruch für einen Dichter

(für Neil)

Dein Gedicht
besteht nicht nur aus den Worten, die du wählst,
oder gar aus den Worten, die dich erwählt haben.
Es besteht daraus,
du selbst zu sein –
manchmal ohne Reim und ohne Grund,
doch immer mit Aufrichtigkeit und Leidenschaft.
Möge der Schöpfer all das segnen,
was du aus deinem Leben machst,
während du das entdeckst,
was Gott in dich hineingelegt hat.

Jan Sutch Pickard

Gott, segne den Schnee

Gott, segne den Schnee,
der das Kind
in uns weckt,
uns lockt
in eine magische Welt
von glitzernder Schönheit:
das Geschenk des heutigen Tages.

Ruth Burgess

Ein Segensspruch für Freitag, den 13.

Überlass heute nichts dem Zufall,
läute alle Glocken,
verbrenne Weihrauch überall,
entzünde Dutzende Kerzen,
erbitte Hilfe von den Engeln,
schreie deinen Lobpreis zu den Heiligen.

Das ist der Aberglaube.
Vertraue vielmehr auf Gott,
freue dich an der Gemeinschaft
mit dem Dreieinigen und

du wirst im Geheimnis und in der Liebe
sicher geborgen sein.
Der Segen Gottes sei in dir,
Hoffnung, Lachen, Heilung und heilige Freude.

Ruth Burgess

Segne und liebkose uns

Gottes Licht
leite uns.
Gottes Macht
halte uns.
Gottes Freude
heile uns.
Gottes Liebe
liebkose uns.

Ruth Burgess

Segen für eine Mutter und ihre Familie

Gott segne dich und deine Familie,
jeden neuen Tag:
wenn du die Hürden nimmst,
die dir das Leben in den Weg stellt,
wenn du durchhältst, stark bist,
vom ersten Augenblick des Tages an,
wenn du lächelst, voll Liebe und Wärme,
Schmerzen linderst,
Sonnenschein in ihr Leben bringst,
wenn du Sicherheit und Zusammengehörigkeit
förderst,
alle versorgst,
Stärke zeigst, um Ärger abzuwehren –
so segne Gott dich und deine Familie,
jeden neuen Tag.

Angela Crossley

Das Verfassen von Segensgebeten – einige Anregungen

Eine gute Möglichkeit der Vorbereitung auf das eigene Verfassen von Segenssprüchen ist, die reiche Vielfalt an Segenssprüchen kennen zu lernen, die es innerhalb religiöser Traditionen gibt. Die meisten der Autoren der Segenssprüche in dieser Sammlung stammen wie ich aus der westlichen christlichen Tradition und manche aus einer keltisch-christlichen Tradition. Das Christentum ist jedoch nicht die einzige Religion, in der Segensgebete und -handlungen ihren Platz haben. Die Beschäftigung mit religiösen Schriften aus einem breiten Spektrum an Glaubenstraditionen kann eine Hilfe sein, sich Gottes Segens bewusst zu werden und ihn zu begreifen.
Von den jüdischen Schriften ist das »Daily Prayer Book«[3] am leichtesten zugänglich. Es beinhaltet sowohl Segensgebete für tägliche Andachten und Gottesdienste am Sabbat und an anderen Festen als auch eine Sammlung von Segenssprüchen für Essen und Trinken und die Begegnung mit den Wundern der Schöpfung. Jüngste Veröffentlichungen sind unter anderem Texte der Rabbiner Michael Shire[4] und Marcia Prager[5].
Im Alten und Neuen Testament der Bibel finden sich eine Anzahl an Segenssprüchen, z. B. in 4. Mose / Numeri 6, 24-26; Römer 15, 13; Philipper 4, 7 ; 1. Thessalonicher 5, 23; 2. Thessalonicher 3, 16; Hebräer 13, 20 und 2. Johannes 1, 3.
Innerhalb der keltischen Tradition ist die Carmina Gadelica, die von Alexander Carmichael im schottischen Hochland zwischen 1855 und 1910 zusammengestellt wurde, am weitesten verbreitet.[6]
Es gibt auch viele Beispiele aus Wales und Irland: God's Presence Makes the World von A. M. All-

chin[7] und Celtic Christian Spirituality von Oliver Davies und Fiona Bowie[8].
Zeitgenössische Beispiele von Segenssprüchen, die aus der keltischen Tradition schöpfen, findet man in den Büchern von David Adam[9] und in der Liturgie der Kommunität von Northumbria[10]. Viele der Segensgebete, die Teil der Gebetszeiten und der Liturgie der Kommunität von Iona sind, knüpfen auch an die Gebete und die Theologie der keltischen Kirche an.[11]
Wenn man sich mit dem größeren Kontext des keltischen Christentums beschäftigen möchte, kann man die Bücher von Ian Bradley hinzuziehen, die eine Vielfalt an Quellenmaterial aufweisen.[12] In seinem Buch Celtic Christianity, Making Myths and Dreams[13] setzt er sich mit den wichtigsten Aspekten der Erweckungsbewegung des keltischen Christentums auf den britischen Inseln auseinander.
In den keltischen Segenssprüchen wird eine Vielfalt an Adjektiven und Bildern verwendet, die die Wesensart und das Handeln Gottes beschreiben, z. B. Lightener of the Stars[14] [Der den Sternen ihr Licht gibt], King of the elements[15] [König über die Elemente] usw. Oft spiegelt die Metaphorik die sozialen Strukturen der Umwelt des Dichters wider: Chief of chiefs[16] [Höchstes Stammesoberhaupt], Herdsman of the flocks[17] [Hirte der Schafherden]. Die Themen der Segensgebete zeugen von dem Glauben an die Gegenwart Gottes in jedem Moment des Alltags: beim Feueranzünden[18], Weiden der Schafe[19], Ernten des Korns[20], Aufstehen[21] und Zubettgehen[22]. Viele keltische Segensgebete haben eine Form, die sich an der Dreieinigkeit orientiert.

Sie erwähnen Heilige und Engel und erbitten besonders den Schutz des heiligen Michael und der heiligen Bride (=irische Nationalheilige).[23]
Beim Schreiben von Segenssprüchen finde ich es hilfreich, eine alphabetische Liste anzulegen mit Namen, die Gott gegeben werden, und diese Liste immer wieder zu ergänzen. Ich notiere mir jeden Ausdruck und jedes Bild, das meine Phantasie anregt und mein Verständnis von Gottes Handeln und Wesensart erweitert. Ich habe auch eine Liste von Verben und Adjektiven angelegt, die man verwenden kann, um das Handeln Gottes zu beschreiben.
Wenn man ein Segensgebet schreiben will, sollte man sich im Klaren sein, welche Art von Segensspruch es sein soll. Es könnte ein Gebet des Lobes für Gott sein, das Sie nur für sich selbst schreiben. Es könnte ein Segensspruch sein, den Sie für jemand anders oder für einen bestimmten Anlass verfassen. Wenn Sie einen Segensspruch für jemand anders schreiben, kann es eine Hilfe sein, über diesen Menschen nachzudenken und Bilder zu verwenden, die seine Erfahrungen widerspiegeln, damit das Gebet dazu beiträgt, dass seine Gottesbeziehung vertieft wird. Wenn Sie einen Segen für einen bestimmten Anlass verfassen, ist dasselbe Vorgehen ratsam, nämlich mehr über den Anlass und beteiligte Personen herauszufinden. Wenn Sie ein Segensgebet schreiben, das im Gottesdienst verwendet werden soll, können Sie ein Wechselgebet daraus machen, weil die Gemeinde dadurch die Möglichkeit hat, Segen weiterzugeben oder zu empfangen. Sie könnten eine Handlung vorschlagen, die den Segen begleitet.

Wenn Sie einen Segensspruch schreiben, der vorgelesen werden soll, ist es wichtig, ihn zunächst sich selbst vorzulesen und sich oder einen Zuhörer zu fragen:
Wie klingt das? Hat das Gebet einen gleichmäßigen Rhythmus? Transportiert der Klang des Gebets meine Aussage? Würden andere Wörter besser klingen?
Wenn ich ein Segensgebet schreibe, stelle ich mir beim Schreiben häufig Fragen wie:
Was bedeutet es für mich, von Gott gesegnet zu werden? Was will Gott für mich? Was könnte Gott dem Menschen schenken wollen, für den ich dieses Segensgebet schreibe? Ich denke manchmal über den Adressaten nach oder ich halte einen Moment inne und versuche dann die Bilder, die mir in den Sinn kommen, in Worte zu kleiden. Manchmal notiere ich mir einige Wörter am Rand des Segensspruchs, an dem ich gerade arbeite, und lese sie laut, um zu erkennen, welches von ihnen besser klingt als die anderen. Ein anderes Mal beginne ich mit einer Liste von Ideen und Bildern und fange dann erst an zu schreiben.
Schriftbild und Zeichensetzung liegen bei einem Segensspruch – wie bei einem Gedicht – ganz in der Hand des Autors. Wenn Sie mit dem Computer arbeiten, beginnt jede neue Zeile automatisch mit einem Großbuchstaben, was Sie vielleicht ändern wollen. Im Rahmen eines Segensgebets sind Zeichensetzung und Schriftbild Mittel, dem Leser/der Leserin mitzuteilen, an welcher Stelle er/sie betonen oder innehalten sollte. Wenn Sie sich das Gebet laut vorlesen, werden Sie merken, wo Zeichensetzung notwendig ist.

Bei einem Segensspruch, der auf einem Programm mit dem Gottesdienstablauf erscheinen oder während eines Gottesdienstes vorgelesen werden soll, gibt ein abschließendes Amen (»So sei es«) der Gemeinde die Möglichkeit, dem Gebet laut zuzustimmen. Wenn das Segensgebet für den persönlichen Gebrauch bestimmt ist, muss ein Amen nicht unbedingt gesetzt werden.
Für das Verfassen von Segensgebeten braucht man unter anderem die gleiche Disziplin wie für das Verfassen von Gedichten. Innerhalb der keltischen Kultur gehörte es zur Rolle des Dichters, die Güte Gottes auszurufen und Gottes Gegenwart in der ganzen Schöpfung zu erkennen. Sowohl Priester als auch Dichter wurden zum Lob Gottes und zum Segnen gerufen. Wie beim Schreiben von Gedichten kommen die Worte eines Segens manchmal wie von selbst. Zu anderen Zeiten tut man sich schwer, Worte und Ideen zu finden, und muss das Gebet mehrmals überarbeiten.
In der Einführung wurde bereits die biblische Auffassung erwähnt, dass die Menschen, die Segensgebete für andere sprechen, dadurch selbst gesegnet werden. Auch ich habe die Erfahrung gemacht, dass jemand, der Segensgebete für andere schreibt, mit Freude über Gott erfüllt wird und den Segen Gottes erfährt.

Zur Durchführung eines »Segens-Workshops«

Eine Reihe von Segenssprüchen in dieser Sammlung stammt aus »Segensworkshops«, die entweder im Rahmen eines Workshoptages zum Thema »Liturgie« oder unabhängig davon durchgeführt wurden. Ich habe die Erfahrung gemacht, dass die beste Teilnehmerzahl für einen solchen Workshop 10-12 Personen ist und dass 70-90 Minuten dafür zur Verfügung stehen sollten. Manche Gruppen brauchen vielleicht etwas länger, je nachdem, ob man noch miteinander ins Gespräch kommt.
Wenn es möglich ist, mit den Teilnehmer/innen des Workshops vorher Kontakt aufzunehmen, könnte man sie darum bitten, ihre liebsten Segenssprüche mit in den Workshop zu bringen, um der Gruppe zu erzählen, warum ihnen gerade diese Gebete wichtig sind. Auf diese Weise kann der/die Workshopleiter/in auch seine/ihre eigene Sammlung von Segenssprüchen erweitern.
Steht Ihnen während des Workshops ein Kopierer zur Verfügung, sollten Sie zwischendurch die mitgebrachten und die gerade geschriebenen Texte für alle Teilnehmer/innen vervielfältigen. Dies kann auch nach der Veranstaltung geschehen.
Als Materialien sollten Papier und Kugelschreiber zur Verfügung gestellt werden, sowie Buntstifte, Filzstifte, bunter Karton in Postkartengröße und ein Kasten oder Korb zum Einsammeln und Austeilen der Karten. Wenn Sie mehrere Räume nutzen können, sollten Sie den Teilnehmer/innen anbieten, sich ein stilles Plätzchen zu suchen, wo sie in Ruhe nachdenken und schreiben können. (Denken Sie daran, einen Zeitpunkt zu bestimmen, wann sich die Gruppe wieder zusammenfindet.)

Ablauf

- Stellen Sie sich der Gruppe vor und erläutern Sie den Ablauf des Workshops. Geben Sie den Teilnehmer/innen Zeit, sich einander vorzustellen.
- Stellen Sie die Definitionen von »segnen« und »Segen« aus Wörterbüchern vor.
- Referieren Sie einige Beispiele von Segnungen: aus der Bibel, aus den verschiedenen religiösen Hintergründen der Teilnehmer/innen, aus der Carmina Gadelica oder aus anderen Quellen, die Ihnen geeignet erscheinen.
- Ermutigen Sie die Teilnehmer/innen, die Segenssprüche mitgebracht haben, sie der Gruppe vorzustellen.
- Betrachten Sie eine Weile mit den Teilnehmer/innen die Form von Segenssprüchen: Rhythmus und Motive, Bilder, die für Gott verwendet werden, Anfang und Ende usw. Sprechen Sie über Handlungen, die Segensgebete begleiten können.
- Teilen Sie Papier und Stifte aus und laden Sie die Teilnehmer/innen dazu ein, einen Segensspruch für einen bestimmten Menschen zu verfassen, der nicht unbedingt anwesend sein muss. Stellen Sie außerdem Karten und Buntstifte zur Verfügung und bitten Sie die Teilnehmer/innen, ihren Segensspruch auf eine Karte zu schreiben und zu illustrieren (mit einer einfachen Zeichnung oder einem Bild zu versehen) und diese dann in den bereitgestellten Kasten oder Korb zu legen. Bitten Sie die Teilnehmer/innen außerdem, Ihnen eine Abschrift des Segensspruchs zu geben, sodass Sie die Ge-

bete für alle fotokopieren können. Diese Phase sollte etwa 20 Minuten dauern.
Ich nehme gewöhnlich einige Bücher mit Segenssprüchen mit und schlage den Teilnehmer/innen, die Mühe mit der Aufgabe haben, vor, einfach ein Segensgebet aus einem der Bücher abzuschreiben und zu illustrieren. Ich habe die Erfahrung gemacht, dass das nur selten notwendig ist, doch diese Möglichkeit gibt denen Sicherheit, die sich schwer tun, einen Anfang zu finden.

- Wenn jeder seine Segenskarte fertiggestellt und Ihnen eine Abschrift gegeben hat, sollte die Gruppe wieder zusammenkommen. Bilden Sie Paare. (Bei einer ungeraden Teilnehmerzahl müssen Sie auch einen Segensspruch schreiben.) Geben Sie den Korb herum und bitten Sie die Teilnehmer/innen, ein Segensgebet für den jeweiligen Partner zu ziehen. Wenn der Partner erkennt, dass er sein eigenes Gebet erhalten wird, sollte getauscht werden.
- Wenn jeder einen Segensspruch für seinen Partner gezogen hat, bitten Sie die Paare, sich einen Ort zu suchen, an dem die gezogenen Segenssprüche in Ruhe vorgelesen und dem Partner überreicht werden können.
- Wenn die Zeit drängt, sollten Sie die letzte Phase zeitlich begrenzen.

In dem Workshop, den ich hier beschrieben habe, sollen persönliche Segensgebete verfasst werden. Es können in ähnlicher Form ebenso gut andere Arten von Segenssprüchen geschrieben werden – für Jahreszeiten, für eine Reise usw.

Möglicher Zeitplan

Phase	Minuten
Vorstellung und Erläuterung des Ablaufs	10-15
Definitionen von »Segen/segnen«	5
Beispiele für Segenssprüche	10-15
Beispiele der Teilnehmer/innen	10-15
Äußere Form von Segenssprüchen	10
Schreiben und Illustrieren	20-25
Verteilen von Segenssprüchen	5
Vorlesen in Paaren	5
insgesamt	75-95

ANHANG

Anmerkungen zum Text

1 Anm. d. Übers.: Im Original wird hier das Oxford Paperback Dictionary zitiert.
2 Carmichael, A.: Carmina Gadelica. Floris Books 1992. Sleep Blessing, Nr. 26.
3 Singer, S.: The Authorised Daily Prayer Book of the United Hebrew Congregations. 1st edition 1890. Centenary edition 1990. Revised 1998.
4 Shire, M., Rabbi Dr.: L'Chaim: Prayers and Blessings for the Home. Frances Lincoln Ltd, 2000.
5 Prager, M., Rabbi: The Path of Blessing. Bell Tower, New York, 1998.
6 Carmichael, A.: Carmina Gadelica. Floris Books, 1992.
7 Allchin, A. M.: God's Presence Makes the World. Darton, Longman and Todd, Ltd, 1997.
8 Davies, O. and Bowie, F.: Celtic Christian Spirituality. SPCK, 1997.
9 Adam, D.: The Edge of Glory: Prayers in the Celtic Tradition. Triangle/SPCK, 1985.
10 Celtic Daily Prayer from the Northumbrian Community. Harper Collins, 2000.
11 Wild Goose Worship Group: A Wee Worship Book. Wild Goose Publications with the Wild Goose Worship Group, 1999.
The Iona Community: Iona Abbey Worship Book. Wild Goose Publications, 2001.
Galloway, K. (Hrsg.): The Pattern of Our Days: Liturgies and Resources for Worship. Wild Goose Publications, 2001.
Burgess, R. und Galloway, K. (Hrsg.): Praying for the Dawn: A Resource Book for the Ministry of Healing. Wild Goose Publications, 2000.
12 Bradley, I.: The Celtic Way. Darton, Longman and Todd Ltd, 1003.
Ders.: Columba: Pilgrim and Penitent. Wild Goose Publications, 1996.

13 Ders.: Celtic Christianity: Making Myths and Chasing Dreams. Edinburgh University Press, 1999.
14 Carmichael: Carmina Gadelica, Nr. 16.
15 Ibid., Nr. 119.
16 Ibid., Nr. 334.
17 Ibid., Nr. 97.
18 Ibid., Nr. 82.
19 Ibid., Nr. 104.
20 Ibid., Nr. 89.
21 Ibid., Nr. 226
22 Ibid., Nr. 249, 32, 277.
23 Ibid., Nr. 339.

Anmerkungen zu den Autoren

Verfasser unbekannt:
Der Segen »Umgib mich mit Licht« auf S. 76, dessen Verfasser unbekannt ist, trug ursprünglich den Titel »Ein Heilmittel« und wurde zuerst in der Zeitschrift The Big Issue in Scotland in der Ausgabe 296 vom 26. Oktober – 1. November 2000 veröffentlicht.

Segensworkshop:
Verschiedene Gebete stammen aus Segensworkshops. Sie wurden während verschiedener Workshops der Herausgeberin verfasst, jedoch von Teilnehmer/innen nicht unterschrieben. Wenn Sie einen meiner Segensworkshops besucht haben und feststellen, dass eines Ihrer Gebete abgedruckt wurde, dann nehmen Sie doch bitte Kontakt zu mir auf und wir werden Ihr Gebet in der nächsten Ausgabe namentlich kennzeichnen.

Der Segen »Die ganze Schöpfung« auf Seite 17 wurde von Jenni Fuchs verfasst, in Anlehnung an Gebete von Kindern der St Columba's by the Castle Junior Church in Edinburgh.

da Noust:
da Noust ist ein inoffizieller Kreis von Mitgliedern und Freunden der L'Arche in Edinburgh. L'Arche ist eine ökumenische Kommunität, die behinderte und nichtbehinderte Menschen einlädt, in Gemeinschaft miteinander zu leben. Das Wort Noust

kommt von den Orkneyinseln und steht für ein Bootshaus am Ufer, einen Ort, an den man sich zurückziehen kann, um zur Ruhe zu kommen und Kräfte zu sammeln, bevor man am Morgen wieder zum Fischen ausfährt.

St Michael's (Princetown) Trust:
Das Anliegen des St Michael's (Princetown) Trust ist es, Umweltbewusstsein und Umweltschutz zu fördern, motiviert durch die Landschaft in Dartmoor, wo die Stiftung ihren Sitz hat. Die Gebete der Stiftung sind urheberrechtlich geschützt und wurden hier mit ihrer Erlaubnis abgedruckt.

Die Kommunität von Iona

Die »Iona Community«, gegründet 1938 von George MacLeod, damals Pfarrer einer Gemeinde in Glasgow, ist eine christliche ökumenische Kommunität, die es sich zur Aufgabe gemacht hat, neue Wege zu finden, um das Evangelium in der heutigen Welt zu leben. Anfänglich arbeitete die Kommunität daran, einen Teil der mittelalterlichen Abtei auf der kleinen schottischen Insel Iona zu restaurieren. Heute bleibt sie ihrer Aufgabe, »das gemeinschaftliche Leben aufzubauen« treu, indem sie sich für soziale und politische Veränderungen und für die Erneuerung der Kirche einsetzt – vor allem für die Ökumene – und neue, einladendere Gottesdienstformen entwickelt, die alle auf einem integrativen Verständnis von Spiritualität basieren.
Die Kommunität besteht inzwischen aus 240 Mitgliedern, etwa 1500 assoziierten Mitgliedern und etwa 1500 Freunden. Die Mitglieder – Frauen und Männer verschiedener Konfessionen und Hintergründe, Geistliche und Laien, vor allem aus Großbritannien und ein paar aus anderen Ländern – haben sich dazu verpflichtet, fünf bestimmte Regeln für geistliches Leben einzuhalten, Geld und Zeit zu teilen und Rechenschaft darüber abzulegen, regelmäßig zusammenzukommen und sich für Gerechtigkeit und Frieden einzusetzen.
Von März bis Oktober und an Weihnachten sind Gäste eingeladen, in den drei Gästehäusern der Kommunität – der Abtei und dem MacLeod-Zen-

trum auf Iona und dem Camas Abenteuercamp auf der Insel Mull – mitzuleben. Über 110 Personen können aufgenommen werden. Sie haben die besondere Gelegenheit, ihren Horizont zu erweitern und Beziehungen zu knüpfen, indem sie eine Woche lang den Alltag der Lebensgemeinschaft, der in Gottesdienst, Arbeit, Diskussion und Entspannung besteht, teilen. Die Buchhandlung der Kommunität, direkt vor der Abtei, hat eine große Auswahl an Büchern und Kunsthandwerk.
Die Hauptverwaltung der Kommunität ist in Glasgow. Sie ist gleichzeitig die Basis für ihre Jugendarbeit, für die »Wild Goose Resource Group«, die im Bereich Gottesdienst arbeitet, für die zweimonatlich erscheinende Zeitschrift »Coracle« und den Verlag »Wild Goose Publications«.

Kontaktadressen

Auf Iona:
Iona Community
The Abbey & MacLeod Centre
Isle of Iona
Argyll PA76 6SN
Großbritannien
Tel. 0044 1681 700404
Fax 0044 1681 700460
ionacomm@iona.org.uk
www.iona.org.uk

In Glasgow:
Iona Community/Wild Goose Publications
4th Floor, Savoy Centre
140 Sauchiehall Street
Glasgow G2 3DH
Großbritannien
Tel. 0044 141 3326343
Fax 0044 141 3321090
ionacomm@gla.iona.org.uk
www.iona.org.uk
www.ionabooks.com

Auf Mull:
Iona Community
Camas Centre
Ardfenaig
Bunessan
Isle of Mull PA67 6DX
Großbritannien
Tel. 0044 1681 700367

Bibliografische Information Der Deutschen Bibliothek
Die Deutsche Bibliothek verzeichnet diese Publikation in der Deutschen Nationalbibliografie; detaillierte bibliografische Daten sind im Internet über http://dnb.ddb.de abrufbar.

1 2 3 4 5 07 06 05 04 03

Die englische Originalausgabe erschien 2001 unter dem Titel

»A Book of Blessings and how to write your own«

bei Wild Goose Publications
4th Floor, Savoy Centre, 140 Sauchiehall Street, Glasgow G2 3DH, Großbritannien

Deutsche Übersetzung: Bettina Stippich

Ein Unternehmen der Verlagsgruppe Dornier
Postfach 80 06 69, 70506 Stuttgart, Tel.: 0711/78 80 30
Sie erreichen uns rund um die Uhr unter www.kreuzverlag.de
Umschlaggestaltung: Bergmoser + Höller Agentur, Aachen
Umschlagfoto: Irland/County Tipperary. © Ernst Wrba
Satz: Anette Stickel
Druck und Bindung: GGP Media, Pößneck

ISBN 3-7831-2330-5